梅兰芳艺术人生文丛

刘　祯／主编

◎江棘　编著

# 梅蘭芳 在日本

知识产权出版社

全国百佳图书出版单位

——北京——

「梅兰芳艺术人生文丛」的整理出版为北京市西城区文化艺术创作扶持专项资金 2020 年度扶持项目

# 序

　　"他在深厚传统和广泛吸收多家所长的基础上创造了极其精美的艺术。他不愧为现代世界上伟大的表演艺术家之一。他的艺术是近千年来中国戏曲艺术历史上的高峰之一。他是一代宗师，对一代艺术家发生了积极的、深刻的影响。梅兰芳是把中国戏曲舞台艺术介绍到国外，并获得盛誉的第一个戏曲表演艺术家。"（朱穆之《永不停步的革新精神——纪念艺术大师梅兰芳诞辰九十周年》）这个"他"，就是 20 世纪中国最伟大的表演艺术家之——梅兰芳。

轻拂时间的尘封，走入历史的情境中，回看梅兰芳的一生，依然那么清晰，又那么熟悉。在 20 世纪初新与旧、古老与现代、东方与西方的文化碰撞和争持中，梅兰芳的出现，顺应时代要求和审美追求。他通过持之以恒的努力、追索，将京剧艺术推向了一个新的高度，也使得"梅兰芳"这一名字与京剧、与时代紧紧地联系在一起。而从中国艺术、中国文化的传承脉络来看，其实梅兰芳及其京剧艺术早已融汇到今天的舞台艺术和文化基因里。

演员是梅兰芳的职业，他以自己的努力和奉献，把京剧的旦行艺术推向了新的高度；同时，作为那个时代引领风气之先的人物，他的行为思想又与时代社会紧密联系，为人们所关注，成为时尚标志。而在那个动荡、变幻莫测的时期，梅兰芳洁身自爱，不随波逐流，注重自我品德修养，追求进步，为人中和而讲原则，是非分明；他身上的家国情怀，如傲雪红梅，如罹霜松柏，坚贞不屈，坚定不移。台上，他扮演了数以百计不同身份、不同性格的女性人物，个个美丽动人，熠熠生辉，善恶分明；台下，他是铮铮男儿，有血有肉，与人为善，助人为乐，热心公益，具有高度的文化自觉。他有开阔的视野和世界眼光，访日、访美、访苏演出，使中国戏曲得以走上世界戏剧舞台，形成与世界其他戏剧体系平等交流、对话的格局，进一步构筑和阐释了中国戏曲的体系特征，展示了中国传统文化的魅力，提升了中国文化和中国人在世界中的地位。

梅兰芳是 20 世纪伟大的京剧表演艺术家，是传承者，是革新者，也是一位绘画大家，是那个时代的时尚代表，是那个时代的文化表征，是那个时代的文化使者，是一位伟大的爱国者，是为人们所爱戴的人民艺术家。本文丛试图让人们了解和看到的就是这样一位血肉饱满、生动鲜活、爱憎分明、初心不改而多姿多彩的梅兰芳！

似是故人来——梅兰芳在日本　目　录

梅兰芳在日本期间的和服留影

# 导　言

　　中国与日本一衣带水，自古以来文化交流不断，有着数千年的友好历史。20 世纪以来，伴随着现代文明论而生的新旧、东西、古今之思，如无形巨链，捆绑、缠绕着百年间的东亚全域；在"现代化"道途中先行一步，"脱亚入欧"之声日炽的日本，与曾经被视为文化母体的中华文明之间，也生发出前所未有的张力；拓殖、侵略、战争等地缘政治中的对抗角力，曾为近代以来的两国关系添上惨淡阴云。如果说，要为这段悲欣交集的中日关系史，在中国的艺术界寻找一个最有发言权的见证者，恐怕很多人都会想到那熠熠生辉的三个字——梅兰芳。

从 1919 年到 1956 年，身历两个时代的梅兰芳，以不同身份三次赴日本公演，五次踏上日本国土，与日本政商文艺诸多领域名流巨匠展开各种层面的交流，在"樱花之国"留下了幽雅端庄的"梅"影，至今暗香萦人。他和日本的缘分，确实既深厚，又微妙。

就让我们将时钟拨回，从芳华初绽之时的梅郎说起。

梅兰芳访日前与友人合影
前排左起：许伯明、齐如山、沈恒、村田乌江、张厚载、
李释戡、吴仲言
后排左起：萧紫庭、姚玉芙、梅兰芳、胡伯平、罗瘿公

# 一、美人朝颜

　　20 世纪初，梅兰芳风华正茂，是中国梨园界当仁不让的"顶流"明星，更兼为人敦厚，谦和温润，从善如流。在他的身边，渐聚起一个规模庞大的智囊团，即时人口中的"梅党"，雅称"缀玉轩"同人。其中，冯耿光、李释戡、吴震修、许伯明、舒石父、胡伯平等核心中坚，多是军政商界响当当的大牌人物，也都曾留学日本。甲午战争的失败，给了自居为师的清政府沉重打击，也拉开了近代中国要求重新认识日本的序幕。此时，日本"脱亚入欧"之声正炽，已先中国一步学习西方，正如张之洞在《劝学篇》中所言："取经于东洋，力省效速"，中国文化界响彻着"师法""取经"日本之声。1896年，清政府正式向日本派遣留学生。20世纪初，出现留日热潮。1905—1906年，由于废除科举制及日本在日俄战争中获胜等原因，留日学生人数猛增到八千多人，达到历史上的最高峰。"梅党"汇聚了当时的社会名流，大多拥有日本留学背景，并不足为奇。

可以想见，在当时的环境中，梅兰芳对于日本名物应当并不陌生。除了能乐、歌舞伎、木偶净琉璃这些与京昆同为东亚"姊妹艺术"、令人神往的艺能，即使一朵小小的牵牛花，也拉近了梅兰芳与日本的距离。

据说牵牛花种自唐代传入日本，深得日本人喜爱，并在当地发展出先进的栽培技术。梅兰芳深好侍养花鸟，尤其酷爱牵牛花。他从日本搜集优良牵牛花花种并学习栽花法，在自家庭院栽下三百多种。到了五六月间，他清晨即前往其居于北京的日本"花友"家中，共研种种培养法。他还不定期和好友举办赏花赛花雅集，可谓爱花如痴。1918年《顺天时报》主持票选京城名伶，据说就有日本人与梅兰芳因牵牛花结缘，热心为其张罗投票，令梅兰芳十分感激。

牵牛花蔓生蒙笼，待晓露而花见，朝日而蔫，虽无终朝之荣，而有连月之华。日本人将这花形朴素、花期短暂、色彩变幻多姿的纤弱之花称为"朝颜"，将她视作芳华易逝、心性纤敏多变的女子，透出说不出的怜惜与宠溺。生命如此脆弱卑微，无常之中却自有性灵之光。这点微小的光华，兀自在最沉寂的天地中静放，只有那些愿在晓星寒光下为之顾盼的人才可得见。花如此，人又何尝不是这样？自幼命运多舛、内向敏感的梅兰芳，也从那娇嫩的花叶中获得过知音如许的深深慰藉吧。

在 1919 年之前，对于一些日本人而言，梅兰芳早已不是个陌生的名字。最令他们好奇和迷醉的，正是如日初升的梅兰芳那清新带露的美人"朝颜"。辻听花、波多野乾一、福地信世、木下杢太郎、谷崎润一郎等著名的文士都曾流连于梅郎频现的大栅栏戏园，留下诗文画作。日本著名的巨贾大亨，大仓财阀的创立者大仓喜八郎，据说在亲眼看到舞台上扮作天女的梅兰芳后，更是"垂涎三千丈"，惊为天人。而在这位已逾耄耋之年的男爵手握的诸多产业中，正有东京最大最新式的剧场——帝国剧场。

围绕着梅兰芳的美貌，还引发了不少评议。日本著名文学家、"中国通"龙居赖三和龙居松之助父子，就曾不遗余力称赏之。龙居松之助曾经如此这般条分缕析评议梅兰芳：

然则彼之优点果何在乎？其容貌美耶？姿态佳耶？抑声音妙耶？以余观之，殆无一而不佳且妙也。如上所

1919 年 4 月 25 日梅兰芳抵达日本东京时接受日本记者采访

述赞美之词，未免类于囫囵吞枣，余今更就余薄弱之观察，略举彼特优之点以告世人。

一言以蔽之曰，梅兰芳，天才也。艺术之精，自关素养，而彼之善于表情，实在彼一双之俊眼与其窈窕之身材。盖天授偏多于人力也。

彼之眼与鼻，实无间可言，或有疑其口形稍逊者，余决不谓然。盖彼若非此口，断不能生如此美目也。

彼之眼，实具有一种特别之魔力，能使观者目眩神迷，惝恍无主。若再澄心细察，其两眼上视时之美观，又断非日本旦脚所能效其毫末。余不谙华语，仓促见

11

彼，即心醉其艺术，亦无非其两眼之作用使然。彼之眼殆能包括彼艺术之全部也。

......

当时有报道写到梁启超曾经评价梅兰芳：此人若为女子，必是东洋第一美人，还传闻，其倘若到日本来演出一次，则日本美人尽成灰土。这样的言论大大刺激了日本国人的好奇、好胜之心。日本歌舞伎也久有男旦传统，被称为女形（或女方），数百年来出现了诸多色艺双绝的宗家巨匠。关于梅兰芳究竟能有多美，是否当得起"东洋第一"的争论，就这样成了梅兰芳首次东瀛之旅的催化剂。身居政坛高位的官僚，后援团中的实业家、银行家等头面人物，甚至要造出

1919年访日期间风华正茂的梅兰芳

梅剧与日本戏剧"对决"的场面。获知梅兰芳即将赴日公演，日本各大媒体也跟风造势，将梅郎之美作为噱头和卖点：

梅今年二十八岁，出生于演员世家。其美貌堪称样板，最拿手的是扮演美少年的戏与旦角戏。登台化身为剧中人时，具有令观众神魂颠倒的魅力，也因此，中国内地不乏政界要员向他暗送秋波。（《国民新闻》1919 年 4 月 23 日）

中国演员和日本情形相同，以前都是由主要的生行演员挑班；由旦行挑班，实是从梅兰芳开始的。甚至还有看了梅的舞台演出和照片，陷入热恋，愿为其献出生命的男女，据说皆因其一颦一笑之迷人的美貌。（《东京每日新闻》1919 年 4 月 25 日）

......

弘扬戏曲的大志愿，花鸟虫鱼的小雅好，知人达士的铺路搭桥，两国文化艺术心理的亲缘感……再加上对绝世美貌传闻的仰慕、好奇与怀疑等诸般人之常情，所有这些，都令梅兰芳的东瀛之旅顺理成章。1919 年 4 月 25 日，梅兰芳第一次踏上东京的土地，或多或少怀着种种猎奇、猎艳心态的大小报记者，会聚在东京车站，然而从列车中款款走出的美少年，却似乎并非如此前新闻造势中那般风流冶艳：

梅兰芳身着茶色和黑色的细格纹西装，包裹住他优雅的溜肩和纤细袅娜的身体，青蓝色的领带上，一颗小指大小的珍珠绽放着柔和的光芒，漆黑的头发梳着漂亮的中分发式。

梅兰芳的容貌如白玉一般，美丽澄静，他的眼神中和并未发一言的口唇边，都洋溢着迷人的温柔亲切，令人感到说不出来的恋慕。梅轻启他那即便是女子也少有的美丽朱唇，用极其稳重娴静又极爽朗的语调，发表诸般感想……（《国民新闻》1919年4月26日）

看起来朴素纤弱，却又亲切大方，透出清新优雅之气，一如日本人深爱的"朝颜"之花。这便是梅郎给予日本国民的第一印象。

梅兰芳赴日时与夫人王明华在轮船上

首次访日梅剧团核心成员在日本和服合影。
左起：齐如山、梅兰芳、许伯明、姚玉芙、沈亮超

## 二、舆论风头的"天女"

　　1919 年 4 月底，应日本帝国剧场邀请，梅兰芳带领"喜群社"从北京正阳门出发，经沈阳至韩国釜山，坐渡轮到达日本下关，再乘坐特急列车抵达东京，开启了为期一个月的日本之旅；其间，访问了日本东京、大阪、神户等地（其中在神户是为华侨学校募捐义演）。

梅兰芳出演了《天女散花》《御碑亭》《虹霓关》《黛玉葬花》《贵妃醉酒》《琴挑》《春香闹学》《游园惊梦》《游龙戏凤》《嫦娥奔月》等剧目，除此之外，剧团姚玉芙、高庆奎、孟得禄、贯大元、姜妙香、赵醉秋等演员还演出了《思凡》《空城计》《乌龙院》《鸿鸾禧》《武家坡》《洪羊洞》《监酒令》《乌盆记》《举鼎观画》等剧目。

京剧传统上推崇"三国"一类帝王将相的袍带大戏，以老生名角挑班。然而自20世纪以来，伴随着大众媒体的发展、推翻封建制度、民国改元等诸多历史大事件带来的包括女性观演群体形成等现实和社会心理层面的一系列变化，使京剧的发展进程中出现了新的动力和倾向。剧场中，用"看戏"取代"听戏"的视觉文化日益凸显。比起擅长表现宏大历史叙事的老生戏，更柔软、更娱人耳目的旦角、旦本戏日益兴盛起来。表现形式也走向精致化、典雅化。不少出身贵胄望族，又目睹了清王朝腐败和军阀政权黑暗的文人，感于乱世，寄情词曲，以带有精神自闭、自怜、自矜的赏鉴与慰藉之意，呵护扶持着以梅兰芳为代表的柔弱娇媚的新兴旦角，为其量身打造出一批远离现实生活，情节恬淡，崇尚高洁雅静、优美缥缈，且给人超脱俗尘之感的古装新戏。《天女散花》《嫦娥奔月》《黛玉葬花》《洛神》等，皆在其列。这些，或许就是百年前的"大女主戏"吧！

在创作这批新编古装戏时，齐如山、李释戡等"缀玉轩"同人虽然参考了古画、古舞，以及昆曲的相关资源，但是"返古"仅是其皮相，从根本上，它们的精神气质是对所谓"传统"进行"现代性"的改造与重新创制。就在梅兰芳首次赴日前不久，《新青年》杂志上进行了一场不可谓不火爆的"新旧剧论争"，陈独秀、胡适、钱玄同、刘半农、周作人等"新文化"阵营对"旧剧"展开了集中、猛烈的抨击。虽然精英知识分子热烈的纸上论争与其当时对梨园界的实际影响并不可等而视之，但"梅党"知识分子却不可能完全置身于这样的时代声势之外。因为"缀玉轩"智囊团的出谋划策和直接编创，此时间无论是《嫦娥奔月》《天女散花》等新编古装歌舞戏，还是《一缕麻》《孽海波》等时装新戏，都流露出趋西、趋新、趋时的特点。其表情、心理呈现之细腻，舞台美术的光电新尝试，也与"新文化"知识分子对写实和科学性的强调不无相应。日本人龙居松之助（枯山）在 1918 年便视梅兰芳为中国戏剧界的革命者。报人村田孜郎（乌江）在为梅兰芳1919年访日公演编撰的具有宣传功能的《中国剧与梅兰芳》一书中，同样强调了梅兰芳剧艺的中西合璧、与时俱进，或许是为了投日本人所好，甚至在宣传中特别提到梅舞在中国纯古式舞蹈与西洋舞蹈之外，还调和了日本舞踊的特征。这在尚未亲眼见到梅兰芳本人的日本人眼前，率先树立起一个家学深厚又思想先进的戏曲现代化革新者形象。

在梅兰芳首次访日公演中，《天女散花》可谓一家独大。这出戏取自佛经故事，剧情极为简单，叙天女奉如来之旨探病维摩诘，撒下花雨，祈佑人间。其看点便是天女行于云路，载歌载舞之处，极大地彰显了梅兰芳的声色之长，难怪大仓喜八郎一见倾心。来到日本后，无论在东京还是大阪，《天女散花》都享有着其他剧目远不及的受重视程度。尤其是在东京，居然连演五天。关于这点还有一段小插曲。据当时《顺天时报》的预告，本来在东京演出的十来天，梅兰芳是准备每天都要更换戏码的，但是因为大仓喜八郎对《天女散花》的特别偏爱，便改变了戏码，不仅将《天女散花》放在首演舞台上，而且一演就是五天。也难怪一时间各大媒体都争相说"散花"，尤其慨叹舞蹈中的天人之姿——"她"超凡脱俗，不食人间烟火，又是那样朝气勃勃，眉目转瞬间变化荡曳出无限情波；"她"身姿翩跹，幽艳婀娜，舞步缥缈，收放自如。在不少人看来，这舞蹈不仅有着戏曲艺术、佛教艺术中正大方的古典美，也确如演出宣传中那般，融和、汉、洋三方样式风情于一身。

1919 年 5 月帝国剧场图画剧情概要
（歌舞伎与京剧总体说明书）

梅兰芳方面之所以没有坚持原定上演的剧目计划，一方面固然是客随主便，但或许也出于对此剧的自信，以及对观众不懂中文，适宜看偏重身段做工的舞蹈曲目的考虑。

不过，对于这样偏重新戏的安排，日本评论家和普通观众也有不买账的。龙居松之助就说"如果做不到每晚更换节目的话，哪怕每两天换一次也好，这样可以尽量展现出中国戏曲的特点。但是剧场为了自己的方便，就那样演出了"。东京著名书店文求堂主人田中庆太郎和文学家、剧作家久米正雄，更是直斥大仓喜八郎和帝国剧场的负责人"头脑愚钝""愚蠢之极"。在他们看来，《天女散花》《黛玉葬花》一类的新编戏，远不能代表梅兰芳最深刻、最全面的艺术造诣。

在大阪演出时，梅兰芳遇到了可能是全日本最挑剔的"观剧团"。毗邻大阪的京都，汇聚着一批日本重量级的"中国学"学者，其中就有以元杂剧、明清传奇等中国古代戏曲文学、文献研究著称的狩野直喜、青木正儿等人。或许正是因为京都学者的存在，大阪的剧目安排在传统戏与新编戏的比例上更为均衡，且加入了《思凡》《琴挑》等昆曲折子戏。"京都学派"学者的剧评文字在当年被结集成一本名叫《品梅记》的小册子，成为1919年公演评论中学理性最强的一部文献，受到中外学者广泛关注。几乎不约而同地，他们对于梅兰芳在复兴昆曲上的期待远大于对其"主业"京剧的关注，对《天女散花》等新编古装歌舞戏尤其评价不高，认为这些戏的表演过于现代、过火，缺乏韵味，与古雅的昆曲传统有着云泥之别。还有另外一些评论家指出了《天女散花》艺术上的其他问题，例如随从罗汉等龙套较多、场面散漫；音乐唱腔刺耳缓慢，不谐日本民众之耳；做工舞蹈虽出色，但并不适宜发挥表情等。又因在东京演出"云路"舞蹈时，原封不动地把之前一场歌舞伎演出时的大海背景拿来使用，发生了舞美与表演不协调的问题。不止一个剧评提到，配着惊涛拍岸的海景，怎么看都不像是在天空中翱翔的样子。

其实，对一般日本观众来说，《天女散花》身段舞蹈多、易理解的优点，恐怕也正是它最大的问题所在——大量的形式本位的歌舞，缺乏性格、情节与冲突，看起来不那么吸引人。若按照西方现代戏剧树立的标准和养成的趣味来看，几乎毫无内容和戏剧性可言，是必定要令人失望的。公演随同及引导村田乌江曾经对

《品梅记》封面书影

观众及后台人员进行调查，为梅兰芳东京公演的五个剧目打分，列出了口碑排行榜：《御碑亭》100分，《贵妃醉酒》90分，《虹霓关》80分，《黛玉葬花》70分，《天女散花》60分。

媒体热捧的《天女散花》在这个排行榜中名列倒数第一，分数将将及格，而占据前三名的全都不是新编歌舞戏。龙居松之助等人认为，只有看过这些相对传统的剧目，才能更进一步理解梅兰芳的艺术。尤其是满分的《御碑亭》，这出戏在类型上，对应着日本歌舞伎中描摹市井生活百态的"世话物"，日本观众理解起来并不算困难。梅兰芳凭借精湛表演，将孟月华雨中踽踽独行的狼狈堪怜，与陌生男子雨夜共处一亭的矜谨无助，被丈夫误解休

梅兰芳早年饰《御碑亭》之孟月华剧照

梅兰芳在日本演出《天女散花》

帝国剧场上演之《天女散花》，
梅兰芳（右）饰天女，姚玉芙
（左）饰花奴（侍女）（《新
演艺》1919 年 6 月号）

弃的委屈怨苦，冤情昭雪后责骂丈夫的爱痛交加等诸般情态，惟妙惟肖、淋漓尽致地带到了观众的眼前和心灵深处。虽然同为极具形式美感的表演，但在《天女散花》中无处施展的戏剧性表情，在这出戏中得到令人赞叹的细腻、精准呈现。无论从历史还是现状来看，日本男尊女卑的情形都与中国相差无几，甚至更为严重。看到孟月华的隐忍与压抑，女性观众会感同身受地代入、移情。而更有趣的是，日本人心中以贤德婉顺为美德的中国妇人，在此剧末尾居然那么"不好对付"，非要丈夫向自己谢罪，还满腔怨气地不理人，这"不让须眉"的架势，和日本传统戏剧中贞洁妇女形象很不一样。因此日本著名中国学学者、戏曲研究家狩野直喜认为，这里就完全描写出中国妇人的真实性情来了。当然，戏是不能当真看的。但谁又能否认，女性观众正是在孟月华一报还一报的哭诉与笑骂中，获得了莫大释放与心理能量呢？关于这一点，无问中日，概莫能外。

在日本演出《天女散花》，为八位侍女簇拥的"天女"梅兰芳

画家小丝源太郎绘梅兰芳的《天女散花》
（《新演艺》1919 年 6 月号）

日本漫画家冈本一平绘《天女散花》
（《东京朝日新闻》1919 年 5 月 2 日）

1919 年 4 月 26 日在帝国剧场用餐后与部分人员合影

右起：泽村宗之助、梅兰芳、大仓喜八郎、尾上梅幸、姚玉芙、松本幸四郎

## 三、男旦与女形的握手

　　京剧与日本的能乐、歌舞伎和净琉璃，都是在本国悠久戏剧根系上开出的灿烂花朵，在和近代以来"东渐"的西方现代戏剧文化的对峙缠斗中，逐渐古典化。尤其是歌舞伎，与京剧相似处极多：戏剧表现的综合性，歌舞元素的特殊重要性，立役、女形、敌役、道化役的行当设置与生旦净丑的差可对应……尤其是与京剧中的"乾旦"相似的跨性别扮演传统。歌舞伎相传本始自安土桃山时代出云大社的巫女（类似女祭司）阿国所创的女歌舞伎，因多陷游女色情卖笑的风化非议被禁，继起的男性"若众歌舞伎"（美少年歌舞伎）也经大起大落而销声匿迹，但全由男性演员扮演却成为传统，直至今日，歌舞伎舞台上仍然以此为特色。数百年来，歌舞伎女形演员的名门世家代代相传。对于尚未登陆东瀛的年轻梅兰芳而言，中村歌右卫门、尾上梅幸等巨匠宗师的响亮大名也许并不陌生吧。

不过，在 20 世纪初期的中国与日本，京剧与歌舞伎都还没有完成"古典化"的定型，它们仍是最流行的消遣方式，似乎还有着很多变化的可能性。与当时刘喜奎等坤伶已开始在中国崭露头角一样，在日本演剧中也出现了"女优剧"，即由女演员出演的戏剧作品。在话

阿国歌舞伎图画面中心的阿国

剧领域，最著名的要数与岛村抱月一起组织剧团"艺术座"、后因岛村抱月病故而自杀殉情的传奇女演员松井须磨子。此外，帝国剧场特别培养、聘用女演员演歌舞伎剧目，村田嘉久子、森律子都是其中的佼佼者。梅兰芳对于这些杰出女性也有所耳闻。他很佩服松井须磨子醉心艺术的热情，也希望中国的女演员可以达到像森律子那样的社会地位与修养。值得一提的是，梅兰芳在东京帝国剧场的演出就采取了在"女优剧"中穿插中国戏曲的方式。第一出是《本朝二十四孝》，第二出是文艺座上演的《五月的早晨》，第三出是由阿拉伯古典戏剧翻译而来的《咒》，接下来是中国戏曲《天女散花》，大轴是新谱曲的《娘狮子》。"女优剧"中除了由松本幸四郎、守田勘弥助演男性角色，其他原来的男旦角色由女演员承担，所以这不仅是中日戏剧的对垒，也是

"男旦"与"女优"的同场竞技，十分夺人眼球，自然也成了剧场宣传的噱头。

不过，梅兰芳真正"蓄谋已久"的，还是与日本传统艺能的演员，尤其是与"同行"的女形演员展开艺术交流和学习。这也成了梅兰芳演出之外最重要的行程安排。刚到日本，他就利用公演前三四天的短暂空闲时间，与歌舞伎著名演员中村歌右卫门（第五代）、尾上梅幸（第六代）、中村雀右卫门（第三代）、松本幸四郎（第七代）、泽村宗十郎（第七代）、泽村宗之助等人会面、交流，在帝国剧场、歌舞伎座、明治座等著名剧场，观赏了《一谷嫩军记》《茨木》《杳手鸟孤城落月》《鸡娘》等歌舞伎名作。

对于梅兰芳而言，歌舞伎舞台呈现的华美写实、道具的精致、日本舞的优雅、表情做工的丰富（歌舞伎中的歌唱是由伴唱承担的，演员主要以说白和舞蹈做工为表演手段，这点与京剧不同），都令人赞叹。上述歌舞伎演员都出自歌舞伎名门世家，与前代宗家或是直系亲属，或为其养子，在他们最终袭名为上述宗师之前，往往还要根据艺术修为的进阶，经历其他多个袭名。单是看他们的代际传承，便会令不熟悉的人眼花缭乱，而繁复的袭名传统，亦是歌舞伎保证技艺和经典剧目传承的重要手段。

这里特别要提到梅兰芳与第五代中村歌右卫门、第六代尾上梅幸和第三代中村雀右卫门三位女形大师的交往。

　　第五代中村歌右卫门（1866—1940）是歌舞伎剧坛明治至昭和前期最重要的男旦演员，他幼年习艺时期名号为中村儿太郎，青年崭露头角时期为中村福助，技艺更进一步时期为中村芝翫，最后炉火纯青，获得公认时才继承了歌右卫门的名号。早在梅兰芳访日之前，日本地质学家、"中国通"福地信世就将高人气的梅兰芳比作"福助时代的歌右卫门"。能受到中村歌右卫门亲自邀请去歌舞伎座观赏他主演的歌舞伎名剧《杳手鸟孤城落月》，梅兰芳自然求之不得。该剧是日本文坛、剧界巨擘坪内逍遥所作名剧《桐一叶》的续集，1905 年首演，是描写忠臣片桐且元的新史剧名作。它讲述了大阪城被德川家康攻击，濒临沦陷，大阪大将秀赖之母淀君避难于仓库，在战火中得知儿媳千姬（家康孙女）乱中出城，因愤怒而错乱崩溃；秀赖见母亲失去理智，想杀

梅兰芳（中）与日本歌舞伎演员中村歌右卫门（五世）
及其子中村福助合影

掉母亲再自杀，但被近臣劝说投降，流泪决心开城。演到粮仓一场时，歌右卫门扮演的淀君，在大阪城归于灰烬之时，一一见到了所谓"孤城落月"的荒寂，既愤怒亦极其凄苦，继而堕入迷狂凄怆之境，梅兰芳看到此精彩处，不禁手心都捏出了汗。演出完毕，歌右卫门与梅兰芳在后台热情交流，还向他介绍了自己的儿子——新一代的中村福助。面对眼前这位与年轻时的自己相提并论的中国演员，歌右卫门毫不掩饰期许。而到了1956年第三次访日公演时，梅兰芳已然被堂堂地称作"中国的中村歌右卫门"了。

第六代尾上梅幸（1870—1934）是日本大正至昭和初期的代表女形演员。为第五代尾上菊五郎养子，1903年袭名第六代尾上梅幸，常年与第十五代市村羽左卫门

梅兰芳与日本东京伶联会副会长尾上梅幸合影

搭档，擅长"世话物"与妖怪变身戏码，在长达二十年的时间里，都是帝国剧场当仁不让的女形首席演员。梅兰芳此次在帝国剧场观摩歌舞伎，既看到了《日光阳明门》中尾上梅幸扮演的忠贞勇烈的工匠之妻，也看到了他在《茨木》里拿手的快速换装场面。尤其是后者，在这出取材于民间传说，由河竹默阿弥创作的经典歌舞伎剧目中，妖怪茨木童子变化成美女，纠缠平安时期大将源赖光的家臣渡边纲，反被勇士渡边纲砍断了手臂，之后又化身其伯母拜访渡边纲，赞颂其勇猛战绩并要求一睹妖怪的断臂，拿到断臂后喜不自胜而暴露了原形。这出戏属于舞蹈剧，高潮在于前半场茨木赞颂渡边纲的道白及他的单臂舞蹈，还有后半场原形毕露后两人的打斗。梅兰芳最感兴趣的正是老妇人变为鬼怪那一刻的舞蹈与飞跃，认为这是戏曲难以企及的。同时，快速变装后茨木用力甩动长发，也有着无法言传的妙趣。

　　除了观摩到歌舞伎女形大师的得意演技，梅兰芳还从他们那里获得了"密授"的实用技巧。在明治座观赏完《鸡娘》后，梅兰芳意外地发现舞台上如此丰润俊美的第三代中村雀右卫门（1875—1927），其真实面容相当瘦削，于是向他请教这神奇的化妆术。中村雀右卫门遂倾囊告之独门秘技：以棉球两只含于口中，以手分别推入两腮，可令脸颊丰满；并包好了几粒棉花团相赠，希望同样两腮单薄的梅兰芳可以亲自试一试。当然，歌舞伎演员没有唱工要求，嘴里可以塞上棉球，但这样的技巧恐怕并不适合中国戏曲演员。尽管如此，中村雀右卫门不厌细碎、毫无保留的热忱与可爱，还是令梅兰芳特别感动。

1919 年 4 月 29 日，梅兰芳至明治座观赏日本歌舞伎
演员中村雀右卫门的《鸡娘》，并与之合影

在东西方文明碰撞对话的大环境中，纵有着繁复的袭名制度和其他种种独特传统加持，歌舞伎也不可能遗世独立。值得注意的是，梅兰芳不仅观摩了传统歌舞伎名门世家的经典剧目表演，还在公演期间抽出余暇，到新富座观摩了歌舞伎新派剧《乳姊妹》，并与河合武雄、喜多村绿郎、伊井蓉峰等"新派"演员交流。所谓歌舞伎新派，是日本明治维新中期以后，在西方戏剧影响下，从传统歌舞伎派生出来的一种只用说白表演、不歌不舞的戏剧形式。大约在19世纪80年代，受到当时自由民权运动鼓舞的一些知识分子，首先打破幕府时代那种戏剧不准反映当代生活的戒律，改革了歌舞伎，使之用于宣传自由民权思想，故称"壮士剧"或"书生剧"，早期用于政治宣传，后转为风俗世态剧，而尤以采自欧洲浪漫派戏剧的"翻案剧"和由家庭小说改编的

1919 年 5 月 2 日，梅兰芳至新富座观看歌舞伎
新派女形演员河合武雄之《乳姊妹》

"家庭悲剧"称盛。其实不只是歌舞伎派生出了"新派"，传统歌舞伎的名门正宗中，同时期也发生了变化。例如"活历剧"的出现——自明治初期（1872年左右），第九代市川团十郎与河竹默阿弥等人合作，从政府推崇的宣传教化、文雅高尚的角度出发，进行了歌舞伎新史剧改良。他们重视"去虚采实"考证历史，且装扮科白都尊奉写实自然，得到明治政府的支持鼓励，为政治家末松谦澄以欧洲科白剧为榜样创立的"戏剧改良会"所推崇，在1887年更是得到天皇"天览"殊荣，也可说是在明治政府推行欧化主义的"改良热"中更接近政治的改良歌舞伎。针对歌舞伎这些应时而生的现代化发展，在日本国内也有不同的声音。如坪内逍遥这样的文坛、剧界巨擘就认为，自17世纪初诞生的歌舞伎，本来的艺术气质核心是虚构美、空想美、形式美、官能美，充满天真稚气、潇洒诙谐、飘逸荒诞等梦幻参半的游戏气氛；然而，至 19 世纪上半叶达到烂熟期，歌舞伎开始出现理论化、严肃化、现实化倾向的"变形"，当前则进入强调个性和自然的人情、世情味的"变质"阶段；这些变化固然有可能去除不少情节上的散漫、鄙俗、不合理，以及装扮、科介、表情等方面的怪诞夸张不自然，从而产生与以往歌舞伎完全不同的一种新的戏剧魅力，但是心理与智性兴味前所未有的强化与歌舞伎的深刻化、精致化，也可能减少古来官能本位的兴味，令作为歌舞伎审美核心的游戏气氛和古典余韵、悠然趣味荡然无存；而最能代表歌舞伎美学旨趣的异性扮演的女形，也极有可能因与现下的无法调和而走向凋零。

处于一片改良、进步呼声中的青年梅兰芳，来到日本积极观摩交流，自然是想向更为"先进"的日本学习传统戏剧改良、革新的方法，因此，除了与"福助时代的歌右卫门"比肩之外，他还被日本方面贴上了"中国的团十郎"等标签。即将离开日本之际，他发表了如下临别寄语：

相较于观看而言，我国戏剧更注重听的方面。这次访问贵国，我受到了很多很强烈的刺激。首先是以往的戏曲不仅与时代没什么联系，而且在舞台背景、服装这些方面都未详加考虑。我们的戏曲要是不首先在这些方面进行改良，我想是难以进步的。另外，不管是贵国的旧剧，还是新派剧和喜剧，其艺术与我们的相比较，几乎都是以技巧来表现喜怒哀乐，我们的戏曲则单靠身段。看到他们表情的巧妙精湛之处，实在令我们只有惊叹的份儿。不过这些，也是我国对戏曲的要求不同，我们才因此被导向了今天的样貌。（《大阪朝日新闻》1919 年 5 月 28 日）

但是，梅兰芳作为一名卓越而敏感的艺术家，对于坪内逍遥所提到的东亚"传统"在文明冲突与跨文化对话中更为复杂的迎拒纠缠和其中的"难度"所在，必将会有切肤之感。事实上，如何面对这一问题，既是他的宿命，也是他毕生的使命。

梅兰芳在日本期间的和服留影

# 四、恐吓信与情书

　　梅兰芳的首次赴日公演，虽然堪称水到渠成，但时机也颇不寻常，尤其是国际局势的波谲云诡，为公演带来了相当多的变数。正值巴黎和会期间，中国虽是战胜国之一，却并没有什么话语权，西方巨头博弈的棋盘，实是鱼肉弱小民族的案板，尤其是在英、法等列强的支持下，第一次世界大战前德国在中国山东的利益被转交给日本，这在中国本土以及旅日的留学生群体中，引发了强烈的反日情绪。1919 年 5 月 4 日，中国国内爆发了五四运动，学生提出"废除二十一条""抵制日货"等反日口号。虽然大仓喜八郎晚年热心文教公益，但他是靠做军火生意发战争财起家的大财阀，从对中国的侵略、拓殖中获利无数。这些似乎都预示了公演中可能出现的不和谐音符。

果然，梅兰芳公演开始不久，便陆续收到数十封来自中国留日学生的恐吓信，既有晓以民族大义，铺陈利害之言，也有赤裸裸的人身威胁，要求他终止演出。国耻当头，本为壮士慷慨之际，不宜欢歌，考虑到此，梅兰芳也对日方提出了终止演出的要求，但因票已售出，若临时停演，双方都损失巨大，且无法向观众交待。鉴于商演的性质，演出不得不继续，但梅兰芳还是决定在演出前摘下了剧场中"中日亲善"的牌匾。

　　总体说来，虽然有"国耻日"风波和恐吓信这样的不和谐音符穿插其间，但梅兰芳第一次日本之行的基调是盛大圆满的。全日本的士女和各大媒体都在津津乐道于他美艳绝伦的容貌身姿，坐实了"东洋第一美人"的赞誉。甚至还有痴情狂热的女观众寄来了情书，其言如下：

　　梅先生，我初闻您的大名，是在去岁菊花开放的辰光，这次听说您不远迢迢到来，几乎如坠梦中，不敢相信，然而它竟成了事实……请您无论如何都不要忘了，在日本，也有把您记挂在心上的女子……（《万朝报》1919 年 5 月 13 日）

据说这封"陌生女人的来信"是从与梅兰芳关系密切的友人那里泄露出来的。信中语气如此卑微，全然是匍匐跪拜于爱情崇高伟力的小儿女情态。不过，在可以想见的众多的因这纯洁单相思而自我感动、堕于白日梦中的日本女观众里，独独这位大胆向意中人倾吐衷肠。看似有些荒唐"狗血"，但其中的"真实性情"不知是否受到了《御碑亭》结尾处那嬉笑怒骂的孟月华的启发。从严肃的意义上讲，这件隐私之事又多少反映出一些真实的问题：首次日本之行的盛大成功，是建立在大多数日本观众对作为"明星偶像"的梅兰芳的美色、魅力的猎奇、仰慕与想象之上。一旦离开"东洋第一美人"的明星"人设"和号召力，一般观众对京剧、昆曲等中

梅兰芳在日本箱根玉帘瀑布前游赏留影

国戏曲到底有怎样深刻高明的理解，恐怕还很难谈得上。

关于此信，梅兰芳本人始终缄口不言。这并不仅仅因为他有足够的自知之明和对每一个观众予以基本尊重的人格修养。从某种意义上，"国耻日恐吓信风波"与"日本女观众情书事件"，从正反两个方向敲打、刺激着梅兰芳心中同一处敏感地带，让他对自己在"偶像"人设之外所负担的责任使命，有了更清醒的认识。在回国之前，梅兰芳发下誓愿：回国后，要是可能的话，希望建造帝国剧场那样的剧场；如果资金条件不足，至少也要建神户聚乐馆那样的剧场，以冀进行充分研究。同时，还计划以社会教育及演剧改良为目的，建造一所学校。

这个理想，他终其一生担在肩上，为之不懈奋斗着。对年纪轻轻便扛起"伶界大王"大旗的梅兰芳来说，这四个字绝不仅仅是一块招徕观众的金字招牌而已，它的每一笔每一画，都意味着超出一般"角儿"的胸襟与担当。

1924年10月14日梅兰芳抵达东京车站时，帝国剧场演员出迎。右起：村田嘉久子、尾上梅幸、东日出子、梅兰芳、延子

# 五、"侠女"与"新女性"

梅兰芳理想中的新剧场建设尚遥遥无期,他心中的模板——日本的帝国剧场,却顷刻间毁于一旦。

1923年9月,关东大地震,数十万人死亡,难以计数的百姓流离失所。梅兰芳听闻此讯,迅速反应,立即在中国召集梨园赈灾义演,将善款捐赠给受灾的日本人民。1924年10月9日至11月22日,梅兰芳应邀第二次访问日本。他携姚玉芙、姜妙香、朱桂芳等承华社社员四十余人，以波多野乾一为向导，从天津乘船至上海换乘，从神户登陆，10月14日到达东京。先后在东京、大阪、京都等地演出。这次演出有两个目的，一是恭贺大仓喜八郎八十八岁米寿；二是作为震灾之后帝国剧场重建竣工后的开幕演出。因为演出分为贺寿堂会演出和商演两部分，又往来于东京、大阪、京都各地，所以时间比第一次公演更长。

1924年的梅兰芳，仍然是带着革新的意图，再度踏上日本的。这次他带来了更多的剧目，虽然没有了《天女散花》，但《麻姑献寿》《红线传》《廉锦枫》《黛玉葬花》《洛神》等新编古装歌舞戏比重仍然很大，重在全面展示梅兰芳唱念做打舞兼擅长的"大女主"演技。当然，这其中也有迎合寿星大仓喜八郎的喜好原因。演出形式仍为与日本歌舞伎演员同台竞艺，每日四出，梅兰芳的京剧被放到了最后一出的大轴位置，相较于五年前被排在每晚倒数第二个登场，更显尊荣。这次帝国剧场根据1919年公演时公众针对剧目重复演出和与歌舞伎共用舞台提出的批评意见，专门装置了京剧舞台并每天换戏。不过与第一次公演相比，此次赴日公演的剧目安排与形式并没有特别突出和超越的地方，昆曲剧目的销声匿迹可能也颇令一批学界的文人雅士失望。再加上首演的新鲜感已经过去，灾后重建的繁忙等其他可能的原因，这次规模更大的公演，其声势影响似乎还比不上五年前。日方关于此番公演的舆论，无论是深度还是广度，都较前次有些距离。不过，在对《黛玉葬花》等剧目的评论中，也出现了相对深入的探讨。就像

日本杂志中梅兰芳的《黛玉葬花》(《戏剧与电影》1924 年 11 月号)

前次的《天女散花》一样，《黛玉葬花》以清幽雅丽的歌舞声色之美折服了众多观众，但也有评论从中看出了京剧"日渐世界化，也许更确切地说是欧化"的趋势，认为那"打破了传统旧剧的程式""写实的""心理的"表演，是"非中国戏性质的"，是"被日本化"，甚至可以说是"被帝国剧场化了的中国戏"。无论毁誉，总体而言，日本方面从这次的演剧安排和梅兰芳融细腻心理表情于美姿、美声、美态的整体呈现中，进一步确认了这位年轻的中国剧坛领军人物在创新、革新方面的头脑与精神，确认了京剧在当下东西合璧、打破传统的发展径路。

公演之外，梅兰芳在此次赴日的其他行程中最重要的安排依然是交流、观摩。他流连于东京各大剧场：在本乡座观看第五代中村歌右卫门出演的《假名手本忠臣藏》之《山科闲居》一场、第十五代市村羽左卫门出演的《劝进帐》；在市村座观看擅长舞踊的第六代尾上菊五郎的《鹭娘》《渔师》《供奴》和梅若的能乐演出；在松竹座观看由河合武雄、伊井蓉峰、井上正夫等人出演的歌舞伎"新派"剧目《卡门》……不过这一次，梅兰芳已经渐渐褪去了初次拜访、见面时的羞涩、拘谨，河合武雄等演员也热忱地向梅兰芳讨教戏曲的表情做工，交流更为尽兴。陶然忘忧之时，俨然是老友间的欢聚了。

故友之外，更有新朋。10月27日，日本著名文艺杂志《演剧新潮》邀请伊原青青园、中村吉藏、能岛武文、菊池宽、久保田万太郎、山本有三、芥川龙之

1924年10月27日，梅兰芳与日本文艺界知名人士参加演
剧新潮座谈会合影
前排左起：伊原青青园、山本久三郎、梅兰芳、沈恒
后排右起：中村吉藏、能岛武文、菊池宽、久保田万太郎、
山本有三、芥川龙之介、长田雄秀，波多野乾一、久米正雄、
久米秀治、宇野四郎（《演剧新潮》1924年12月号）

介、长田雄秀、久米正雄、久米秀治、山本久三郎、宇野四郎等日本剧坛、文坛知名人士以及帝国剧场相关方面负责人，为梅兰芳举行了一场专题座谈会。从参会名单就可以看出，这是梅兰芳在与日本传统演剧圈交流的同时，与日本新文学和新剧（话剧）界的一次密集接触，尤其是芥川龙之介、菊池宽、山本有三等人，与中国新知识界的关联很深，他们创作的《父归》《婴儿杀戮》等话剧名作，也为当时的中国新剧界熟知。不过，"新"知识人的关注点却未必趋新——座谈中，作为梅兰芳这边的向导，波多野乾一和翻译沈恒，不断强调着梅先生头脑新、创作新戏、在新剧场演出、主动使用布景，而久米秀治、山本有三、山本久三郎等学者、戏剧家在回应的同时，又锲而不舍地将话题引向"原封不动""元曲""旧戏""纯粹的中国剧"，执着地要将梅兰芳与他们心中的戏曲传统相连接。双方的对话总让人觉得有点儿"拧巴"。想来这次长谈，也会给"旧剧界"的梅郎带来不小的震动吧。

相比较为财阀大仓翁祝寿的私谊，本次公演更为人津津乐道的是梅兰芳赈灾回访的公义。在本次公演期间，梅兰芳写下了这样一段话：

我是梅兰芳，去年夏天大震灾之时，我在祖国中国担忧着诸位至亲至爱的朋友，心焦泪下，并起念无论如何一定要再来探望。时至金秋，因正值大仓先生的寿诞与帝国剧场的（复建）开场之故，在下获得了邀请，便兴冲冲抛下诸般事宜飞速来到了日本。

说实话，我对于灾后的复兴建设有着种种预期，然而还是吃惊于各地复兴的干劲之强烈，超出了我的想象。这样的情景只能在贵国看到，面对诸君如此不舍昼夜的紧张奋斗，我唯有表示敬服。我也因此受教颇深，获得了新的勇气，为此致以深切的谢意。（《时事新报》1924 年 10 月 25 日）

或许正是出于这样的感奋与致意，也为了表明自己为日本赈灾的无私心志，梅兰芳此行所携的剧目，在内容题材上，呈现出一个新的特点，那就是对"侠义"之气的强调。公演剧目中，林黛玉、洛神古典美的弱质仙姿，杨玉环、东方氏的风流冶艳，都是之前日本观众已经见识过的。而在新带来的《审头刺汤》《红线传》《廉锦枫》三出戏中，假意委身逢迎最终手刃小人为夫家报

1924 年梅兰芳在帝剧
上演《审头刺汤》(《电
影与演艺》月刊 1924
年 12 月号)

《朝日画报》(1924
年 11 月 12 日) 封
面人物: 梅兰芳之
《廉锦枫》剧照

仇的雪艳娘，凭借高超武艺为主公解忧平息干戈的红线，下海刺蚌得珠以谢恩人的廉锦枫，都无一不是知恩图报、重情重义、有勇有谋、敢作敢当的侠义女性。其中，雪艳娘洞房之夜行刺时惨淡而勇壮的形象定格在不少剧评人的心中。她和梅兰芳此前演的众多优美无瑕、温雅端庄的女性形象是那么不同，但却更具悲剧性的动作美学。观此剧如观珠玉坠地，一瞬间的迸裂碎溅，在观众心中震荡出长久不绝的绵渺悲音。

不知是不是有感于本次公演中这些侠义女性的形象，日本著名的汉学家后藤朝太郎观剧后写了一篇长文：《梅兰芳与中国女性》。用梅兰芳做切入口，从古代女子的闺训妇德，直写到现代中国"新女性"的进步思想与敢作敢当：

然而，从另一面来说，在中国也不是没有拥有进步新思想的女性。且实际上也有不少实干家。北京女子高等师范的校长就是女士（杨荫榆），其下亦管理着诸多男教授。

能说能做的中国女性正在浮出社会地表，崭露头角。如今出现了大批有所自觉的女性，她们再不认为女性只能以闭守深居为本分。这一现象并不是近来突然出现的，其中有着自古以来便存在的深刻原因。其于中国社会中部分的萌芽，不过是长时期酝酿涵养之功。

关于中国的女性，人们往往会使用贞淑、淑哲、淑德等美好的词汇来形容。如果去读一读在乡村的入口处，旌表烈女节妇的牌坊文字，会看到都是这样的调调。不过，就如同在日本，如果有女性溺水身亡，即便丑如板额[1]，也有将其形容为美女来凭吊的习俗。中国也是文章之国，美词佳句更是廉价。尤其是很多褒扬女性的文辞，仅限于用于官员的妻女。如果是为官者家里的女性，不管好也罢、歹也罢，写入文章，总归是被称为贤良淑德的节妇、节女。事实虽未必如此，但主要是畏惧官员权势高压不得已为之。新女性则并不拘泥于这一套名头和赞词，当讲就讲，当说就说。我就见过极擅议论，身怀雄辩之才者。

---

1 日本镰仓初期的勇妇，在日本民间传其勇武而貌丑。——
　笔者注

←紅線傳

The Pictures in this page show Mei Lang-fan, the famous Chinese actor, in different guise in several Chinese plays which were staged at the Imperial Theatre, Tokyo. In most plays, Mei impersonates the female role, with exception of the one in upper-left—a somewhat pronounced expression of his face is altogether different from other pictures.

梅兰芳在帝国剧场演出《御碑亭》《廉锦枫》《红线传》
（《电影与演艺》1924 年 12 月）

1921 年在东京召开的东亚新闻记者大会上，一位似乎不过十七八岁、看起来温柔亲切的中国女记者，却极为雄辩，即便面对男子围攻，也可以一当十，所向披靡。在大会上，她用一口明快爽利的北京话，劈头指责日本主办方巧言以两国女记者交流相邀，却食言并未派出一名女记者。她睥睨全场，顾盼神飞的激昂言论令后藤朝太郎和在场日本人感到某种类似于"外交失败"的丧气。在文章最后，他这样说：

想来这位女记者所言，虽国家有别，却含有着对日中两国共通的观察，立意着眼亦其情不远。如果日方有女记者出席，她一定是会抱着与之亲切交谈的希望，飞渡万里云天从北京来到日本。想到这位在男子记者团中生气勃勃，可谓万绿丛中一点红的女记者，其心中那诸多的感怀思绪，令人益发同情，心下不安。此事毫无疑问，确实是日方所为有所不妥……中国的新女性在这样的场合，很多人都不再客套顾忌、不再沉默寡言。看似被幽居深宫的中国女性中间，已经出现了众多极为自由阔达、具有泼辣洒脱性格的新人。这里引用的女记者的话，不过只是一个例子，这般慷慨之气不让须眉的女性还有很多。她们未必都是与社会事务相关者，不分都市和乡下，就算进入一个家庭内部去找寻的话，也可以看到很多这样的女性[1]。

从为日本赈灾身体力行的梅郎，到最新编演的戏剧中一个个古代侠女烈妇，再到辩才不让须眉的女记者等现代中国新女性的现实，三者之间似乎并没有什么严谨

---

[1] 这一段记述主要依据是梅兰芳的回忆录《东游记》和《我的电影生活》一文（收入《舞台生活四十年》）。

1924年10月,
帝国剧场改建
开幕演出图画
梗概(歌舞伎
与京剧总体说
明书)(佐佐
木干收藏)

的逻辑可言，但似乎又确确实实存在一条若隐若现的串联线索。回想五年前，狩野直喜讶异于《御碑亭》结尾处孟月华的任情使气，将之视为中国妇人"真实性情"的描写；五年过去，他恐怕也该和后藤朝太郎一样，吃惊于这"真实性情"又有了如许之进步吧。

日本媒体上刊登的梅兰芳唱片广告
（《朝日画报》1924 年 11 月 26 日）

# 六、美妆、电器与日本料理

　　今天到日本旅游的人们，往往免不了"海淘""带货"。尤其是美妆、电器等明星产品，更是不知吸引了多少游客豪掷千金。殊不知早在民国时期，精明的日本商人还曾"蹭"当时"顶流"明星梅兰芳的"流量"，拉他为自己的产品做广告代言，从中也可见20世纪传统演艺与消费社会结盟之一斑。

1919 年，梅兰芳如"天人"般降临日本，就有日本美妆品牌从中嗅到了商机，一时间印有梅兰芳大幅头像的"御园白粉"广告在报纸上铺天盖地。广告文字是这样的：

正在帝国剧场演出的中国名伶梅兰芳，姿容艳丽，妙技绰约，吸引了整个东京的人气。被传言"若生为女子可为天下第一美人"的梅兰芳，其艳丽姿容无疑来自天生的美貌，但也与他苦心研究化妆术有关。来日本后，他看到东京的各大名伶化妆时都爱用御园白粉，因此立刻亲身体验，并感叹效果显著。他这次在帝国剧场演出，也全套使用了御园化妆品，为豪华的舞台更增一分浓艳。敬请您大驾光临这一盛会，欣赏表演妙技同时，一睹化妆装扮的美态。

　　广告上还醒目印有梅兰芳本人的题字："御园白粉久闻此化妆品甚佳，此次东来试之果然 梅兰芳"。

　　不过，梅兰芳题下这些字未必由衷。1924年赴日，梅兰芳与日本文化、戏剧界人士座谈，兴致所至，聊起了化妆问题，他说自己从七八年前就开始使用产于大阪的"都之花白粉"，因为它非常好涂，又使用便捷。至于日本演员较多使用的"御园白粉"，他回应说自己曾试用过，可是并不好用。"一不小心"，把当年做"虚假广告"的事情露了馅儿。在这次交谈中，梅兰芳获得了一个重要的新信息——"都之花白粉"虽然好用，但是含铅，据说"御园白粉"是无铅的。中国戏曲旦角的化妆，传统上较多用油彩，演员并没有听说过"铅毒"。日本歌舞伎女形演员的妆容则要搽厚重的白粉，掺入一

1919 年梅兰芳首次赴日公演时为御园白粉所做广告

1924 年 11 月 12 日下午，梅兰芳在帝国影业小阪摄制所拍摄电影（《大阪每日新闻》1924 年 11 月 13 日）

梅兰芳电影广告（《大阪每日新闻》1924 年 11 月 13 日）

88

定的铅会使得妆粉极为贴合，化妆效果极好。然而美丽的背后，是以生命健康作为代价的。日本女形演员有很多人都因铅毒早逝，例如 1919 年曾与梅兰芳见过面的帝国剧院女形泽村宗之助，便因铅毒死于梅兰芳第二次日本公演的半年前。梅兰芳听说之后，连连表示自己刚刚知道铅毒如此厉害，再不用"都之花白粉"了。虽然"御园白粉"化妆效果不那么理想，但更为健康无害，是它在日本流行起来的原因。这样看来，梅兰芳虽然当时做了个口不应心的"虚假广告"，却发声支持了"良心之选"，并且因为这段经历，获得知识与教训，及早"止损"，远离了铅毒的魔爪，也堪称幸事一桩。其实，浓重的妆面与演员健康的矛盾，到现在虽已有了大大改善，但仍然没有根本解决。今天的戏曲演员也有很多饱受着油彩过敏之苦，卸下舞台上的光鲜亮丽，便不得不面对一张色素沉着、发炎肿胀的黝黑面庞，若要保全正常的容颜，只有离开舞台。浇灌艺术之花的，除了辛勤的汗水，也有这般在两难中痛苦选择的心酸血泪。

在第二次赴日的新体验中，拍电影、灌唱片是不能不提的。在此之前，梅兰芳在国内已经有过拍摄电影和灌唱片的经历，但对于整体发展尚不成熟的影业、唱片业而言，日本无论在技术还是运营上相比中国都有着一定的领先优势。此次，宝冢的帝国电影公司在11月为梅兰芳拍摄了黑白默片《廉锦枫》——"刺蚌"、《虹霓关》——"对枪"片段，并在拍摄当月进行了公映。10月下旬，日本著名唱片公司蓄音器商会也为梅兰芳灌制了《西施》《红线传》《御碑亭》《天女散花》《廉锦枫》《贵妃醉酒》《六月雪》等剧中名段唱片。

在异国灌制唱片的过程并不顺利。当天，松平里子、早川美奈子、曾我部静子等日本著名女歌唱家都来到"日蓄"围观，想来是对中国"古典女高音"的京剧旦角唱腔十分好奇。因长期夜场演出，梅兰芳养成了晚起习惯，因此灌制工作从夕阳西斜之时方才开始。然而，灌唱片和舞台表演的呼吸法有所不同，梅兰芳无法始终保持正对着灌音喇叭的姿势，气氛一下子有点紧张。"日蓄"的灌音师吉林格姆和竹中技师都很焦急、担心，不停地告诉梅兰芳"技术还达不到，这样行不通""这样录不进去，请这样来"。但是中方的翻译却很自信，认为中国的音乐就是很独特的，只要照着录就好。一时间双方争论起来，加上操胡琴、铜锣、鼓等各式乐器的乐师仍在吱吱呀呀奏乐，现场一时陷入了混乱。

## 或る日の梅蘭芳

日本支流偶像渡叙画のこと

Y H 生

一

◆日常の旅間に於ける梅蘭芳

二

三

◆河合武雄と梅蘭芳

梅兰芳在日本灌制唱片纪实《那一日的梅兰芳》报影（《戏剧与电影》1924年12月号）

尽管如此，灌制任务还是在日落时分便迅速完成了。至于冲突到底是如何快速得到解决的，我们今天也不得详知。这批唱片现在仍然可以听到，有善聆者发现，在伴奏乐器中似乎没有京二胡，同时，有几张唱片的伴奏乐队的配置声音效果明显更好，或许就是灌制时进行了调整、修正的证据。不管怎么说，梅兰芳丰润的声音通过唱机得以进入日本千万家庭，他与"日蓄"这次别开生面的亲密接触，总体实现了艺术价值与商业价值的双赢，可以算是传统演艺与"新媒体"较为成功的一次结合。

说起梅兰芳本人最心不甘情不愿的一次"代言"，就与驰名世界的日本料理有关。他在日本公演期间的各种宴会及私人小聚场合，尽享各种当地美食，但是这些美味佳肴都比不上"鸡素烧"这道菜独享尊荣，浓墨重彩地登场亮相。虽然名字里有个"鸡"字，但其主料却是牛肉片。做此菜时，取平底锅，淋上日式酱汁，将牛肉和各种素菜、面条，分别于酱汁中涮烧，成熟后蘸取生蛋液食用，爽滑鲜嫩。可就是这道"鸡素烧"，在第二次公演结束即将返程时打了梅兰芳一个措手不及。当时梅兰芳已经结束了在京都的公演，正在宝冢进行《廉锦枫》《虹霓关》等片段的电影拍摄。因为考虑到戏曲妆容和服装需要保持，拍摄影片时要一鼓作气，所以当天从早到晚都没吃饭，一直饿着肚子。拍摄结束后，日本友人设宴招待，吃的就是"鸡素烧"。梅兰芳大快朵颐一顿，夜里回宾馆后又喝了几口浓茶。谁料想，他半夜腹痛难忍，发起高烧，竟至昏迷休克，不得已推迟了回国日程[1]。幸而找到了京都名医今井泰藏[2]，诊断为连日演出疲劳，伤饥食饱，吃了过量且不易消化的食物，罹患了严重的急性肠胃炎和痉挛。经过今井医生昼夜不离的悉心治疗和照顾，梅兰芳一个月后得以恢复健

---

1 这一段记述主要依据是梅兰芳的回忆录《东游记》和《我的电影生活》一文（收入《舞台生活四十年》第一集），两篇回忆都明确写到拍摄电影是在京都公演结束之后，罹患肠胃炎的直接原因是拍摄后进食过多。但此处或许因时间久远，梅兰芳在时间顺序上记忆有误。根据当时日本报纸对于梅兰芳在日活动各项日程的报道，梅兰芳应帝国影业之邀拍摄电影时间是 11 月 12 日，到达京都并在京都公演时间是 13 日，在 14 日白天梅兰芳游赏了京都并与友人共进晚餐，其急性肠胃炎发作是在 14 日夜间，此时距离电影拍摄实际已过去了两天。

2 在 1924 年的日本新闻报道中，写作今井泰三，但在梅兰芳的《东游记》等回忆作中，记作今井泰藏。

康。今井医生是个诚挚之人，坚决不肯收取梅兰芳的医药费，看实在推辞不掉，才说他喜欢中国的翡翠，梅先生若下次再来日本时可以给他带一副翡翠袖扣，作为纪念。梅兰芳记在了心中。一份"鸡素烧"带来的严重伤害，折射出戏曲演员饥饱无时，难以规律作息的不易。可是要没了它的"牵线搭桥"，梅兰芳又怎能收获与今井医生的真挚情谊呢？

梅兰芳访日公演时的乐队

1956 年 5 月 26 日，梅兰芳率中国京剧代表团访问日本，与副团长欧阳予倩（前排左二）等抵达东京羽田机场时留影

# 七、蓄须之后的梅团长

　　带着对今井医生的感念和允诺的那副翡翠袖扣，1956 年，梅兰芳展开了第三次访日公演。当然，梅兰芳之所以三度出访，绝非仅出于如此个人化的原因，他肩负着重大的使命。

自 1924 年之后的数年间，绿牡丹、小杨月楼、韩世昌等人亦先后赴日公演。虽然公演背景各不相同，但在艺术上，梅兰芳都成了这些后继者的参照标杆，并且在不断地比较、回忆中逐渐经典化，成为一种象征。然而梅兰芳本人毕竟和这个国家暌违了三十二年。那迅即被战火硝烟、血雨腥风浸染的岁月，也在两国人民的心中，烙上了沧海桑田的印记。对于梅兰芳而言，这个印记外化成了他蓄留八年的唇髭，证明着自己告别歌场、不事侵略者的心志。人生中总是福祸相倚，诸事难料，两次访日公演的成功、在日本的极高人气、与日本各界朋友的深厚私交，乃至此前出于人道精神对日本震灾的援助……这些昔日的荣光，在抗日战争中却为梅兰芳带来了巨大的负担和危险。慕名而来的日本人大有人在，无数双眼睛也正从四面八方紧紧地盯着梅兰芳，但

梅兰芳在机场受到日本文化交流协会
会长片山哲（右）的欢迎

他心里是非常清醒的。这是在自己祖国的土地上每时每刻正在发生的侵略战争，同胞罹难，满目焦土，焉能用自己的声色才华，粉饰浸透鲜血的"王道乐土"？蓄须的决定是极其艰难的：对于为艺术而生者，离开舞台，连嗓子都不能吊，其痛苦憋屈或甚于死亡，何况没有人知道战争会持续多久，整个艺术生命就此戛然而止亦未可知。然而这个决定又是何其果断：艺术无国界，艺术家却有祖国。无论那些来到中国、盘桓于梅兰芳身边挥之不去的日本人表现得多么风雅、多么礼敬，都改变不了他们是侵略者及其帮凶的事实。即便是曾经交厚的日本故人，若不明此理，强人所难，亦不足为友。今天有不少表现那段战争的文艺创作，别出蹊径，剑走偏锋，着意于去探索侵略者中"人性之闪光"，寄予"理解之同情"。若要问当时日本人中种种复杂情貌，梅兰芳或许最有发言权，然而对照当日梅郎所为，与上述今人立场，高下立见。

然而，在战争中坚持大是大非、守住了民族气节的梅兰芳，或许也不曾想到，战争结束后，历史的大是大非，再一次以戏剧性的一幕，降临到了自己身上。

第二次世界大战结束后，美苏对立的冷战格局形成，日本政府跟随美国外交方针，与中国处于不同的阵营。20世纪50年代初期，中国政府方面为了弱化、突破美国对周边的封锁，以推动民间外交的方式寻求中日关系正常化，中日间恢复了民间商贸与交流；日本方面亦于1950年成立了日中友好协会，由中国人民的老朋友内山完造担任第一届理事长，此后又成立了以著名文

艺家中岛健藏、千田是也、井上靖等人为中心的日中文
化交流协会等民间友好组织。

在这样的历史关口，曾经成功赢得日本人民喜爱的
梅兰芳和中国京剧，自然又一次成为重建两国民间友好
桥梁的先锋。

经过中国人民对外文化协会和日中友好协会的共同
努力筹谋，中日戏剧界的互访以 1955 年国庆期间市川
猿之助来华进行歌舞伎公演拉开帷幕。中日民间友好交
流渐入佳境，既是梅兰芳第三度访日的背景，也为公演
成功做了有力铺垫。

在周恩来总理的亲自关怀下，中国访日京剧代表

中国访日京剧代表团纪念章

团于 1956 年 3 月间组成。以梅兰芳为团长，欧阳予倩为第一副团长兼总导演，马少波任副团长兼秘书长，刘佳、孙平化任副团长，欧阳山尊任副秘书长。全团以中国京剧院和梅兰芳剧团为基础，在梅兰芳之外，还荟萃了姜妙香、李少春、袁世海、谷春章等全国最著名的表演艺术家。剧团构成还有另外两大看点，一是江新蓉、侯玉兰、徐玉川等年轻女演员的亮相，二是梅兰芳的儿子葆玖、女儿葆玥的加盟。所有演员加上音乐、舞美、工作人员，全团共八十六人，准备了《贵妃醉酒》《霸王别姬》《奇双会》《白蛇传》《三岔口》等大小剧目共二十六出。这一阵容就是在中国本土，也是前所未有、难得一见的。

此次公演主要由日本朝日新闻社承担邀请、招待等

中國訪日京劇代表團演出節目

中国访日京剧代表团演出节目单封面

相关工作。代表团分四批乘坐飞机抵达日本，打前站的孙平化等五人于 5 月 19 日最先到达。5 月 26 日，梅兰芳等最后一批成员乘坐飞机抵达东京羽田机场，与已经抵日的代表团成员会合，受到日中文化交流协会会长、前首相片山哲和其他各界日本友好人士的热烈欢迎。

除了热烈的欢迎，大部分普通日本民众对此次公演更怀着深深的好奇。长期以来，梅兰芳在日本都保有一定的话题热度，在他长期告别舞台的那段岁月中，日本坊间甚至还传出梅兰芳已经去世的谣言。本次公演单日安排昼夜两场，共三十二场，到现场观看的观众总计达到七万多人次，规模远远超过前两次。观众如此之多，恐怕与各种疑问和好奇是分不开的。不过绝大部分观众都是首次亲眼见到这位传说中的人物，还有一些老年观众仍然对此前梅兰芳的访日公演怀有美好的记忆，希望在梅兰芳的剧艺中重温青春的梦境。阔别舞台八年，年届六旬，他是否还能在舞台上演出顾盼生姿的妙龄女子，这已是个不小的悬念，更令人好奇的是梅兰芳此行的身份。之前两次是商演，梅兰芳的身份只是一介名伶，而现在，他是曾在抗日战争中蓄须明志的爱国艺术家。这一次访日，虽然说是民间友好交流，但日本媒体多心照不宣地将他定位为中国共产党的"梅团长"。尤其是如今他还在新政权的领导下，承担着新中国的戏曲改进和后备人才培养重任。这样的一个梅兰芳，他的个人艺术是否出现了变化？今天中国的"新"京剧，又正在发生着怎样的变化？这是所有人心中都迫切希望获得解答的更为重大的问题。

梅兰芳在日本演出《贵妃醉酒》的舞台场面

日本著名的中国文学学者吉川幸次郎曾记录了这样一件事。有一位日本主妇写信给主办方朝日新闻社说，她非常贫困，连歌舞伎演出也从来没看过，但这次下定决心无论如何也要去看"梅兰芳先生们"的戏。当时在日本，即便是歌舞伎也很少有超过一千日元的戏票，而这次演出票价达到了一千五百日元，虽然远远比不上同时期维也纳爱乐乐团三千日元的票价，但对很多生活窘迫的底层百姓，不啻为"巨资"。

这封无意中看到的投稿令吉川幸次郎思绪万千。那位从未看过歌舞伎的女性，为什么要特意去看梅兰芳的演出呢？他不禁揣测，并给出了回答：

*看戏的动机与其说是对梅兰芳演戏的爱好，或者说*

对普遍性的戏剧、音乐的爱好，还不如说是对梅兰芳所在那个国家所产生的共鸣，这种共鸣成了特意去看戏的动机……不仅这位女性，这次梅兰芳的观众中与这位女性类似的人应该有不少吧。他们来看戏的动机与其说是对梅兰芳感兴趣，不如说是对梅兰芳背后的政治形态感兴趣。（《梅兰芳及其他》，《文学界》1956 年 9 月号）

　　针对这样普遍的好奇，在公演之前，日本各媒体也已经做出了反应，邀请波多野乾一、千田是也、梁梦回等人撰文，既是回应，更是预热。波多野乾一是著名的"京剧通"和新闻记者，有在中国长期生活工作的经历，也是梅兰芳的老朋友。他在 1956 年 6 月 5 日的《日本周报》上，发表了文章《中国的中村歌右卫门——梅兰芳的故事》，其中就较详细地介绍了梅兰芳的情况，如

1949 年从香港回京，出席首届中国人民政治协商会议；后担任中国戏曲研究院院长，中国文学艺术界联合会副主席等，参加由田汉任主席的全国戏曲工作会议，其主要的工作是演剧的改良；为响应民众热望，复出后演出繁忙，加上戏改相关的繁忙工作，终致大病，住进医院；等等。在文中，波多野乾一还回顾了延安时代以参加中国共产党的文学家为中心，去除封建性、强调演剧民众性等细致的改良工作，并按照禁演、改编的标准，改革的重点等条目，概要介绍了 1951 年政务院关于戏曲改革工作的指示和中共演剧改良工作的方针。在文章末尾，他不无怀疑地写道：

　　从演员的立场来看，戏曲的改编须以观众欢迎为指向。但是，中共方面的理论家中有激进人士，尽可能地要扩大禁演范围。听说竟有人带着阶级思想来断定本不相干的七夕戏《天河配》有涉共产主义对法西斯主义的斗争，因此需要改编。为了说服这些人，想必梅氏也费了很大的苦心罢。通过这次梅剧团公演，我们也期待着看看他们是怎样施行改编的。

　　日本著名演员、导演、左翼戏剧活动家、俳优座创始人千田是也，因为在 1955 年应邀随市川猿之助一行访问中国，观摩了二十来出京剧，也应主办方朝日新闻社之邀撰文。他高度赞赏京剧是具有音、色、线、光、动感、广度与厚度的，具有强烈形式感的民族艺术，它重视歌唱与音乐性，以演员为中心，其演技的全面、精准、稳定、流动性和律动性令人叹服。而关于京剧那健康、明朗、丰足的趣味和新趋向，他的表达要比波多野

东京舞台上的《贵妃醉酒》
（《朝日新闻》1956年5月31日晚报）

115

## 乾一乐观得多：

我说到现在，好像都是谈的形式方面，可是通过其形式，京剧令我们赏心愉悦的，却是难以言喻的明朗、丰足与健康。我曾看到有欧洲批评家写道："在中国的演剧中，生活正在微笑"，深有同感。我想那正是源自中国演剧传统中绵绵不绝延续着的大众性和现实主义。加之在新中国，京剧中的这一方面得到了强调，更增其辉煌。性情纤小的"现实主义者"，会疑惑京剧的特点不是在丰富的"象征性"吗？懂行的人听了京剧的现实主义这样的话，也会为之一哂吧。然而我却认为，京剧严正反映现实，并且具有畅快自由的造型之趣，两者自然而亲密的融合，正是京剧的趣味之所在。（《京剧的趣味：健康、明朗、丰足，现实表现与造型艺术的融合》，《朝

日新闻》1956 年 5 月 18 日）

在《朝日新闻》同一栏目中，旅日京剧研究家梁梦回也介绍了曾经被视同娼妓的伶人在解放后被真正视作艺术家的时代进步，介绍了毛泽东提出的"百花齐放"政策，以及梅兰芳和京剧在新中国获得的极高地位。他尤其提到，梅兰芳之所以长盛不衰，是因为他凭借天赋演技加上热心的研究，正确理解和把握观众心理，总是能站在时代前沿，创造出顺应时代潮流的新剧，才获得了观众无比的欢迎。他特举《贵妃醉酒》为例，以资证明：

女伶新人杜近芳这样说：比较解放前后梅先生演出的《贵妃醉酒》（杨贵妃相关剧目在日本也家喻户晓），

『貴妃醉酒』で楊貴妃にふんする梅蘭芳
向 井 潤 吉 画

画家向井润吉绘
《贵妃醉酒》

「貴妃醉酒」の楊玉環にふんした梅蘭芳
ロジェ・ヴァン・エック写

法国画家 Rojer van Hecke
（日本法国文学学者片
冈美智之夫）速写梅兰
芳之《贵妃醉酒》

画家林武所绘梅兰芳的
《贵妃醉酒》（《朝日新闻》
1956 年 5 月 31 日）

画家岩田专太郎 1956 年绘
《贵妃醉酒》（《产经时事》
1956 年 6 月 1 日）

有根本的差别。且 1951 年演出的和 1955 年演出的也差
得多了。具体来说，杨贵妃指头的动作，挥舞水袖（袖
端白色绢布）的法子，手势做派，都是有意味的。在这
些细小的动作里头，也表现着杨贵妃的苦恼。梅先生就
是这样不懈钻研和追求，让表演更加合理、生动活泼和
精美。


　　总之我想对于他的戏，我们应当用新眼光来重新观
赏。京剧历经不断的改革，虽是古典演剧，可是应当站
在新的观点之上看待其形式和内容。（《梅兰芳的生涯
和艺术 天赋和热心的研究 以观众为本位的戏剧》，《朝
日新闻》1956 年 5 月 18 日）

通过波多野乾一、千田是也、梁梦回等人的介绍，当时的日本观众，对于曾蓄须明志誓不登台的梅兰芳的演剧艺术中的"民族精神"有了了解，但还是有些笼统。中国共产党政权之下的京剧如何从仅属于部分特权阶级及宫廷势力的艺术变为人民的了？作为"人民艺术家"的梅兰芳，是如何在表演中体现出"去掉封建气味的新戏曲"风味的？京剧如何兼容现实主义与象征意义？杨贵妃的演法改了哪些？手势做派到底有怎样的意味？这些不经亲眼所见，仍然是一个个大大的问号。

怀着这样的疑问，日本各界名流、文艺名家齐聚东京歌舞伎座。首演在5月30日晚拉开了帷幕。一共四出戏，前三出《将相和》《拾玉镯》《三岔口》由代表团其他演员表演，梅兰芳是毫无疑问的大轴。

梅兰芳演出《贵妃醉酒》

当天梅兰芳演出的，正是《贵妃醉酒》。

《贵妃醉酒》的特殊意义毋庸赘述，梅兰芳一生三次访日公演，每次都有这出戏，足可证明它在中日戏剧圈中独一无二的价值。其剧情为唐玄宗与杨贵妃约定设宴百花亭，同往赏花饮酒。谁料当日贵妃亭中久候玄宗不至，忽闻陛下已转驾梅妃宫，一时失落忧恨，诸般情愫，不得排遣，遂借酒浇愁。随着一杯杯酒入愁肠，贵妃由微醺渐入沉醉，其态愈显放浪，其情则愈显清冷。此剧不以情节取胜，却曲尽人情，极富表演张力。在日本能剧等传统演艺中，亦有杨贵妃题材的呈现，梅兰芳民国时期的两次演绎，更令这出戏在日本脍炙人口。比起老幼妇孺通吃的武戏《三岔口》，《贵妃醉酒》的欣赏门槛更高，但是从观众的反馈来看，他们不仅理解了这个剧目，并且达到了相当深度，这突出表现在他们对于表演中那些既对立又统一的部分的辩证认识上。例如，他们惊叹于卧云儿嗅花、下腰衔杯等外化的身体动作技巧，感叹于京剧对这一理想美女的抽象提炼，但更被宠冠三千的贵妃仍不能独专夫爱的空虚、悲哀，以及因身份所限，在看似恃宠而骄的外表下又不得不掩饰、压抑此种空虚、悲哀的无奈所深深击中，并从梅兰芳细腻传神、举重若轻的表演中，体味到古今一线的"人间性"。为了表现出这种华美与孤寂、骄纵与压抑的矛盾结合，梅兰芳的表演也呈现出冶艳与高雅的对立统一。这一点被日本观众精准地捕捉到，他们从日本戏剧审美出发，对梅兰芳这样一种既美艳鲜活，又品位高雅的表演风范，给予激赏。在相关剧评中，经常出现一个日语词："色气"，它描述的是一种魅惑诱人的性感，在重视感官的歌舞伎中，女形演员如何能够在舞台上呈现出有品位的"色气"，乃是对他们最至关重要的考验。《贵妃醉酒》一剧，在历史上也不乏流于低俗猥亵的表演，但在年届六旬的梅兰芳演来，不仅娇艳万方，更拿捏合度，不失华贵雍容气度。相比较年轻时候的演出，梅兰芳此时的表演或许少了几分小儿女娇憨恣情之态，但随着年龄不断增长的艺术功力与人生阅历，却为杨贵妃的摇曳心旌平添了更深刻的孤独感、矛盾感，使此剧达到炉火纯青之境。早稻田大学坪内逍遥戏剧博物馆馆长、著名戏剧学者河竹繁俊自称为"梅大师那气派高雅且性感媚人的杨贵妃的醉态"萦怀三日，而歌舞伎演员第三代市川松茑则钦慕不已，将那种无与伦比的个人魅力称为"在艺术中千锤百炼的青春"。

　　什么是现实主义与象征造型的完美结合？日本观众在观演的第一天，就从六十二岁梅兰芳塑造的杨贵妃身上获得了真切的领悟。

《周刊朝日》1956 年 7 月 29 日封面：画家
宫田重雄 1956 年在东京观看《贵妃醉酒》时
所绘梅兰芳饰演之贵妃

1956 年 6 月 23 日，代表团在名古屋市观看舞蹈演出
左起：袁世海、欧阳予倩、梅兰芳、翻译苏琦

## 八、代表团群像与"新京剧"

　　虽然梅兰芳仍是本次公演当之无愧的挑班名角,但此次代表团的性质与民国时期的喜群社、承华社,有着本质区别。在各方面的宣传中,我们也能鲜明地感受到,相比民国时期对梅兰芳个人"偶像"人设浓墨重彩的强调，这次的公演则树立起了"京剧和它的名角们"的新时代群像。

这一群像，是静穆、沉着，举止端庄谦和，有着高度纪律感的。日本记者探访演出后台时，惊讶地发现气氛和平常歌舞伎演出的时候完全不一样。每间房都铺上地毯，放着桌子、椅子和叠合式的简易镜台，而不是像歌舞伎那样用豪华的镜座，让人感到更为合理适度。尤其是整个后台虽人员众多，却充满着不可思议的沉寂。因他们与日本的演员不同，身旁并没有仆从侍候，也并不闲聊。化妆、画脸等复杂的工作，也只要大约五分钟就完成了，一改日本人心中"在中国万事都慢吞吞的"印象。

在驻地的帝都饭店也是如此。梅兰芳与欧阳予倩住在附设着和风浴室的最上等房间，其他人住在附设着淋浴的双人房。旅馆内设有酒吧，可是谁也不进去。他们在演出之余，大多安静地待在自己的房间里，直到在东京四天的八场演出都结束了，代表团也没有人出来单独行动。他们平素穿的都是落落大方的考究服装，以灰色或咖啡色单襟式样西服为多，并不像日本电影明星穿着的那样豪华夺目。对待服务人员，他们也十分尊敬和气，经常召集在旅馆里看过电视转播公演的人们，多方征求其感想。每当此情形，他们从不自居为客人，也不把对方当作旅馆服务人员。这些"新中国的风貌"，都令日本记者感慨不已。

虽然代表团的群像整体是严正端庄的，但组成它的每一个个体又是那样生动光彩，仅举几例。

第一副团长欧阳予倩，因为曾在明治末年来日本学习新派演剧，且开创了中国新剧运动，所以此次他也被打上了"知日"与"新派"的标签。他编剧的《人面桃花》因布景与歌舞伎新派的写实风格接近，被称为"京剧的新派"。他生活小节的与众不同之处——穿戴最为整齐，以及别人因为护嗓与保健之故，不敢喝凉水，而他却毫不在乎地喝着加了冰块的水，这些也被认为是曾久住欧洲和日本的缘故。

名净袁世海此次出演《将相和》中的廉颇与《霸王别姬》中的项羽，戏份颇重，人气也极高。《霸王别姬》是与梅兰芳的对子戏，自不待言。《将相和》则是

欧阳予倩与梅兰芳

所有剧目中，第一出与日本观众见面的"打炮戏"。它沉郁浓厚，排场大，服装华贵，唱做并重，有头有尾，能够让日本观众对代表团产生风貌齐整的第一印象。这出戏里或许也隐含着更多的深意，那就是中方作为被侵略国，面对昔日的侵略者，所传达出的尽释前嫌、以"和"为贵的友好声音。

担负如此重任的袁世海，在舞台上"勾着脸，满脸的怪丑没法儿形容，还有奢华奇异的王冠和戏衣，不像现世的东西似的。他的声量宏大可怕"。可是从这非写实的惊人声量与可怕脸谱中，却连绵不断地渗出或豪快、或悲愁之感，尤其是在表现英雄末路之绝望悲哀的高潮等处，令日本观众想到古典艺能净琉璃中曲词篇幅最长、最富激情的悲剧华彩片段"大落"，获得了极大的震撼与审美愉悦。而在舞台之下，袁世海在生活中也是豪爽型。他大声谈笑的样子被认为很像日本著名歌舞伎演员第二代尾上松绿，据说颇得驻地女招待员的好感。

李少春和谷春章的《三岔口》，讲叙义士任堂惠追踪被抓捕押解的义兄焦赞至旅店，当晚与店主刘利华展开了一番暗中搏斗。这要算此次公演中最受欢迎的剧目了，可谓雅俗共赏，男女老少通吃。歌舞伎中也有与《三岔口》相似的"暗斗"场面，在光亮的舞台上呈现摸黑打斗的场景，堪称戏剧假定性的完美体现。不过很多观众都感到，京剧中的摸黑打斗比起歌舞伎的相似场面，技巧难度更高，其动作之迅捷绵密、精准绝伦，可谓间不容发，被诸多剧评称为"与死仅隔一线的演技"，还有人说是"以千分之一秒的时间和百分之一厘米的空间为单位计算出来的动作"，观众瞠目赞叹之余，也始终紧捏着一把汗。

扮演任堂惠的是武生名家李少春。据当时的报道称，最受驻地旅馆女招待员喜欢的就是李少春了，因为他是个潇洒的美男子，正如歌舞伎第九代市川海老藏那一型。而最令人哭笑不得的是，一行人中也只有他是伴着爱人（侯玉兰）同来的。报道虽有些"八卦"，但可见李少春堪称"女性杀手"的"男颜担当"。这样俊朗的形容气质并不仅仅是天赋。代表团结束东京第一轮演出之后，乘火车向福冈出发。就在午后的火车上，李少春并不如旁人一样，或午睡小憩，或下棋休闲，而是在卧铺狭小的空间内忙着压腿。代表团秘书许姬传夸他用

李少春在《三岔口》中饰演任堂惠的剧照

功，他正色道，对于《三岔口》这种不容一丝一毫失误的惊险武戏，腰腿至为紧要，不可缺工。

扮演刘利华的武丑名家谷春章同样功夫过硬。在八幡制铁体育馆的演出开戏之后，他因中暑突发恶心呕吐，倒在沙发上。眼看就要轮到武打戏繁重的《三岔口》，而刘利华一角并无人可替。简单吃了药的谷春章对梅兰芳说完"您放心，在台上不会有问题"便上场了，果然台上并不显任何吃力。这样的本事，若没有平日"向死而生"的严苛训练，是无法达到的。

当然，公演的看点还有很多，梅兰芳的儿子葆玖继承父业，身姿形容酷肖乃父当年；女儿葆玥在欧阳予倩新编《人面桃花》中扮演崔护，清新明丽，与乃父一为乾旦、一为坤生，反转之中别有妙趣。

还有年轻女演员的集体亮相。在机场迎接梅兰芳的欢迎仪式上，先期到达的江新蓉、侯玉兰、徐玉川等年轻女演员一改在国内朴素色调的上衣长裤穿着，打扮华丽，明艳动人，令人赏心悦目，"她们等待接机时那摇着白色骨扇的风情，简直透着一股京剧舞台表演的氛围"。在《拾玉镯》《秋江》等剧中，江新蓉、侯玉兰所饰演的孙玉姣、陈妙常，那活泼传神的做工和女儿情态，完全打破了语言的藩篱，获得了众多赞誉。而当听说这些不过二三十岁的京剧女演员绝大多数都有两个以上孩子，甚至还想再多生几个孩子的时候，日本著名话剧演员山本安英女士简直"吓了一跳"，心想"为什么她们还能够安心来日本呢？"在得知新中国不仅重视传

东京舞台上的《霸王别姬》
（《朝日新闻》1956 年 6 月 5 日晚报）

东京舞台上的《三岔口》
（《朝日新闻》1956 年 6 月 3 日晚报）

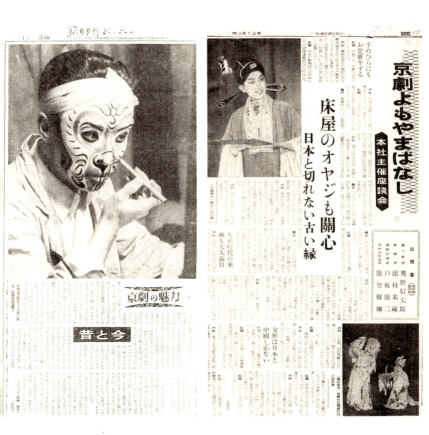

李少春在演出《闹天宫》前化妆
(《朝日新闻》1956 年 6 月 6 日晚报)

在日本演出《人面桃花》的梅葆玥
(《国际新闻》1956 年 6 月 4 日)

统文化艺术，而且保育、托管、教育等社会公共事业也飞速发展，为女演员专心工作提供了有力支持，排除了后顾之忧的时候，山本不禁羡慕不已。

当时的日本戏剧界演出频密，就是歌舞伎名角，也需日夜两场连演，有时甚至要这样连轴演出几十天。而此次京剧公演，有很多场次，梅兰芳本人是不出演的。这是中国名角演出的惯例，也是为了保证梅兰芳的体力和演出质量。但因为部分日本观众并不知情，所以这一安排也曾引起部分因梅兰芳而来的不知情观众的不满。之所以日本的名演员在当时保持着极高频次的演出"惯例"，主要是出于经济上的考虑。如果减少演出，演员生活将成问题。梅兰芳在日期间，切身感到战后的日本传统戏剧不复当年旺盛之景，为了生计忙于演戏，也就缺少时间进行剧目整理和排演新戏，这确是当时歌舞伎界的一大隐忧。男性名角自顾不暇，更不用说家事繁忙的女演员了。正和生活斗争着的、面临着新演剧创造的日本戏剧人，从面貌一新的京剧舞台和女演员身上获得巨大震动，是不难理解的。

震动之巨，也在于从京剧女演员身上体现出的种种新面貌，以及京剧代表团所宣传的"百花齐放、推陈出新"方针，与当时日本歌舞伎界关于"女形存废"问题的激烈争论，发生了共振。东亚传统戏剧艺术跨性别扮演的精华到底在哪里？男旦梅兰芳与女演员的表演有何异同？今天的修正、补充，是否必须、必要？它会给传统演剧带来怎样的影响？中国京剧的经验是否适用于日本的歌舞伎？针对上述问题，正、反两方各抒己见，展开了针锋相对的讨论。不过，在争论中也有共识，那就是这个问题归根到底，绝不是"性"的问题，而是"艺"的问题。

可以说，随着公演的进行，针对最初那个最大的疑问——中国共产党新政权下的京剧发展现状问题，日本的文艺界、知识界也正在形成答案。"前进"便是这些答案中的高频词。当然，在这些声音的发出者中，日本的左翼及友好人士占了很大比例，但是毫无疑问，这其中会聚的千田是也、土方与志、木下顺二、山本安英、河竹繁俊、田边尚雄、奥野信太郎、户板康二、冈崎俊夫等众多熠熠闪光的名字，也正是日本最顶尖的文艺理论家与舞台实践者的代表，其中还有人看过三十二年前的梅兰芳在帝国剧场的演出。从剧团阵容与舞台面的齐

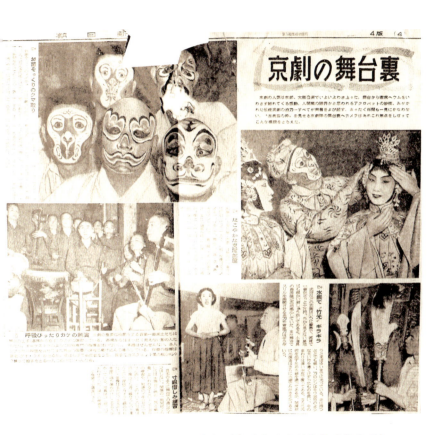

日本报刊中的中国京剧代表团舞台群相

整、美丽、协调，从年轻演员的快速成长，尤其是《贵妃醉酒》等剧目在思想性、艺术性上的提升等方面，他们看到了焕然一新的京剧，对新中国的戏改工作，包括新型戏校培养方式与院团管理制度，总体持肯定态度。

这一肯定，背后暗含的依然是对当代中日两国传统戏剧发展现状的对比。历史学者松岛荣一说道：

传统艺术的新发展问题，目下在我国（日本）也正成了有共通性的问题。为解决这个问题，人们正在以种种形式来钻研。因此可以推测的是，在革命前二十余年便开始持续衰微的京剧，现在却获得新生的经验，虽然不能为我们全盘照搬过来施行，但也有很多地方是不能不去学习的。（《京剧的印象》，《演剧界》1956年第7号）

法国画家 Rojer van Hecke 速写《将相和》中袁世海饰演之廉颇

田村孝之介绘演于大阪歌舞伎座之《闹天宫》（李少春饰孙悟空)(《朝日新闻》1956 年 7 月 2 日）

147

歌舞伎当前的不景气，与京剧获得的"新生"，在当时不少日本观众心中形成了鲜明对比。而关于京剧之"新"，未必要推究到"人民性"或"共产主义式"等方面。它更朴素地、直接地、生动活泼地体现为对经典进行再审视，或构想出新的经典。在具体的表演上，则被众多日本评论者解读为"内在深度的强化"。例如《贵妃醉酒》，相比前两次演出时观众多关注梅兰芳的优美冶艳和华丽技艺，此次演出，观众"除了娇艳满溢的性感和美丽，连置于那样生活中的女性的悲哀和空虚"和"被囚禁着的女性的可怜和悲哀"，"都直逼我们胸怀"；又如《霸王别姬》，"娇柔姿态之中流溢着含悲忍泪的意气"的虞姬，也具有"一种相比夸张更近虚幻的、以美丽的形式震撼人的真实感"。日本著名剧作家、社会活动家木下顺二说道：

　　若是把斯坦尼斯拉夫斯基体系[1]和日本歌舞伎相结合，这样说起来一定会令日本人士觉得好笑吧。但是比起歌舞伎似乎更近虚幻的京剧，不但在中国的京剧院，在此地的舞台上也经由梅先生的演出证明着其与斯氏体系显然有着紧密结合。眼睛所能看到的华美趣味，未必叫我们感动。祖国民族遗产的贵重传统性，和令它活在现代的创造性，融于梅先生一身，则令我们感动至极。

　　（《看京剧的东京演出》，《赤旗报》1956年6月7日）

　　不过，演出评论中也有少数反面的意见，认为京剧的艺术风格说明性过强，夸张炫技要素渐多，象征性逐

---

1 斯坦尼斯拉夫斯基体系，是由苏联著名导演、戏剧教育家、表演理论家斯坦尼斯拉夫斯基（1863—1938）所提出的包括表演、导演、戏剧教学和方法等系统专业知识的演剧体系和完整学说。——笔者注

渐缺乏，品位不高。日本德国文学研究者、东京大学教授手冢富雄感到在京剧中有着"大概来自电影的欧洲化的表情，掺杂着歌舞秀的思想，还包含着有意识地戏剧改良的思想"。然而这样的戏剧要"充分表现现代的生活感情"，"大概有点困难"，且"在创新方面，持续目前状况的话，看来比歌舞伎更加困难重重"。这样的声音虽然不多，但同样值得重视。1960年后，京剧舞台上一批批革命样板戏、新编历史剧已留下浓重印记，如今歌舞伎舞台上也出现了《海贼王》《火影忍者》等动漫的搬演，总结其中种种的异同、成败、经验教训，再来回顾当时不同的评论声音，体会它们之间的张力，当能生出更多的感慨吧。

东京舞台上的《人面桃花》
(《朝日新闻》1956年6月1日晚报)

东京舞台上的《秋江》
(《朝日新闻》1956年6月4日晚报)

1956 年 6 月 13 日，代表团在福冈八幡制铁体育馆公演现场

# 九、特殊的观众们

　　1956 年的访日公演，有几场演出显得特别地与众不同。

　　6 月 13 日，代表团在福冈八幡制铁体育馆演出，剧目与东京首演虽大体相同（只是在《三岔口》后增加了一出热闹的武戏《雁荡山》），但是这一场所却不同寻常。八幡是日本钢铁重工业基地，八幡制铁体育馆平时就是钢铁工人进行体育运动竞赛和练习的地方，不仅可以容纳六千余名观众，场面极为盛大，而且各种装置都与一般剧场不同，要临时布置成一个中国戏曲的舞台，自然是个挑战。并且，观众中有一千余人是八幡制铁厂的工人，不少人是刚刚结束了一天的工作，带着饭盒来看戏，再加上他们的家属、周边和其他地方赶来的工人群众，偌大的场地居然座无虚席。梅兰芳非常兴奋，将这场演出定义为"演给日本工人看的一场戏"，话语间洋溢着光荣与自豪之感。

最为特别的一场演出是临时决定的。在结束东京首轮公演前往福冈的途中，代表团曾在广岛车站短暂

停留，见到了专程前来向梅兰芳献花的原子弹爆炸受
害者。在阴雨之中，梅兰芳看到他们脸上手上都有斑驳
的疤痕，有的甚至五官都挪了位置。面对如此惨状，想
到还有更多躯体残缺变形的受害者缠绵病榻，即便想出
门也不可能，梅兰芳和代表团成员的心情都极为沉重难
过，感到任何的同情宽慰之语都是那么苍白无力。深受
震动之余，遂起意在结束日本所有演出后，专门演两场
"义务戏"，将所得全部捐赠给日本原子弹爆炸受害者
和战争孤儿。此提议得到了公演主办方朝日新闻社的积
极响应，于是有了 7 月 12 日在东京国际剧场的日夜两
场义演，其剧目安排如下。

日场：《闹天宫》（李少春）、《秋江》（侯玉兰、
孙盛武）、《霸王别姬》（梅兰芳、袁世海）。

1956 年 7 月 12 日，梅兰芳率团为日本原子弹爆炸
受害者和战争孤儿举行义演时的东京国际剧场外景

夜场：《除三害》（李和曾、袁世海）、《三岔口》（李少春、谷春章）、《拾玉镯》（江新蓉、江世玉）、《雁荡山》（王鸣仲）、《贵妃醉酒》（梅兰芳）。

这是梅兰芳在日本极少的一天日夜两场"连轴转"演出，面对那场战争带给日本平民的深重灾难，梅兰芳又像三十多年前为关东大地震义演那般，从人道主义的立场，义无反顾、倾尽全力，体现出仁厚之心与无私大爱。

此外，值得一提的是本次公演除了剧场演出，还采取了电视转播。6月1日晚的东京首演据说在电视机前聚集了三百多万名观众，收视率比平常高出两倍。一时间，饭店、酒馆、食堂等但凡有电视机的地方，都成了一个个"小歌舞伎座"。当今日本剧界著名评论家渡边保先生，就曾是当时电视机前的一个少年，他回忆起那时"匣子"里梅兰芳的姿容，依然兴味不减。据他所言，在当时电视画面中的梅兰芳，形象与色彩都有些失真，并不能与现场相提并论。虽然不断发达的媒体手段，让更多的老百姓不用花费戏资也可以饱览他国艺苑精华，这是现代生活民主化的一大体现，然而剧场中观众与艺术家近身相对、群情交感的独特化学反应和魅力时空，或许永远也无法被替代。

关于演出，还有颇值得记录的几笔。

梅兰芳在东京进行首轮演出的那几天，日本国会正在"开打"，但梅兰芳的吸引力实在太大，不少议员仍然忙中偷闲跑来观赏京剧。在 5 月 30 日中国京剧代表团的开幕演出中，就有一名这样的观众——社会党委员长铃木茂三郎。他看《三岔口》正看得着迷，突然有人通知他："国会来电话，有要紧事请你急速回去！"他起身要走，但是《三岔口》的魅力又使他坐了下来。电话频频催促，他"立而复坐者凡三次"，终于坚持看完了，然后立起身来慨然叹道："现在该我去唱《三岔口》了！"这一切，被代表团副团长马少波记叙在了关于演出的回忆录中。

6 月 2 日晚，代表团在东京歌舞伎座的演出，迎来了两位更加特殊的观众——天皇的弟弟崇仁亲王三笠宫与王妃。当晚共表演四出戏——《空城计》《秋江》《猎虎》，还有梅兰芳的《霸王别姬》。演出非常成功，三笠宫夫妇也上台祝贺，盛赞京剧之美，认为"新中国的京剧既是古典的艺术，又是现代的艺术"。虽然三笠宫有日本东方学会会长的学者身份"护佑"，但是在日本右翼政府对华敌视的政治大环境下，王室成员的高调出席仍引发了热议。

在 6 月 30 日的《读卖新闻》"气流"栏目，刊登了一封不同寻常的读者来信，那是东京都被押战犯释放运动协会会长小见山登写给天皇的一封公开信，全文如下：

请天皇全家务必要观赏现在访日中的梅兰芳的京剧，借此来实现其作为两国人民亲善友好的桥梁作用。最近有些人拿有色眼镜看待中国对日本的各种措施，全

日本媒体专版访谈
《久违了！日本——
梅兰芳氏印象谈》
(《朝日新闻》1956年
7月7日)

中華人民共和國訪日京
劇代表團來日本訪問演
出承蒙各界朋友热情協助
謹致以衷心的感謝
我们常来了中華人民
和國人民對日本國民的問
候中日兩國人民有友好的
共同願望祝中日兩國人民
的友誼日益深厚　梅蘭芳

梅兰芳手书对于
中日友好的祈愿
（出处同上）

161

都加以批评，但我以为像释放战犯等措施完全是出于人道主义的。中国曾对日本歌舞伎演员给予贵宾待遇，我作为平素关心战犯释放问题的一个国民，恳切地希望象征日本的天皇陛下务必去观赏京剧，以回报梅兰芳的这次访日。

我相信，自孔子以来具有礼让传统的国民一定能感知日本国民的诚意。天皇陛下也看过美国电影，同时也看过英国电影，我确信两国人民都期待天皇陛下去观赏京剧，并加快互相接近；更相信此举对被押日本战犯早日获得释放将起到有益作用，特此唤起舆论支持。

东京都，被押战犯释放运动协会会长　小见山登这封信释放了一个重要的信号。随着演出渐入佳境，越来越多的日本观众从中读出了中方的真诚与善意。例如在日本报刊剧评中，就有不少人从《将相和》这出戏里，感受到了中方作为被侵略国，面对昔日的侵略者所传达出的尽释前嫌、以"和"为贵的友好声音。从纯粹的艺术交流到棘手的战争善后问题，两国的友好人士正自下而上、自民间到社会上层，一步一步不懈推进，坚冰也在一点一点消融。这是"京剧外交""人民外交"的实绩。

当然，这座用艺术搭建起的心桥，所联通的彼岸并不只有日本和日本人民。在演出中，不断发出"好！好！"的喝彩声的，还有不少远离祖国大陆的同胞。据

画家长谷川昇于 1925 年所绘梅兰芳 1924 年在东京
演出之《贵妃醉酒》(《戏剧与电影》1925 年 3 月号)

说有五十余名香港人特地租了飞机到日本来看京剧，还有部分观众是从台湾来的。虽然同是中国人，却无法看到祖国名角的戏，因此特地到日本来一解乡愁。他们激动地说着"已经几十年没看到了！"一边流着眼泪一边看戏。

听说在九州的旅日华侨，虽然在政见认同与身份归属上，有着"中共系""国民党系""台湾系""香港系"等诸多分野，但因为这次演出，都合在一起，组织了"敬老会"，招待老年人去看京剧。这些背井离乡的老年人，恐怕以后再也没有看京剧的机会了，据说他们还特意把鹿儿岛、长崎的老年人也都一并请到福冈去看京剧。由于京剧的缘故，竟在日本结出了"一个中国"的成果，这也是出人意料的。

日本歌舞伎演员市川猿之助主办欢迎会，梅兰芳致辞

# 十、琴心剑胆

梅兰芳此行所承担的以艺术交流进行人民外交的重任，绝不仅仅限于剧场之中、舞台之上。我们不妨把他在演出之外的活动做一番罗列。

5月27日上午，会见山本有三、波多野乾一、龙居松之助等老友。

5月27日下午，与欧阳山尊、梅葆玥到明治座看市川猿之助的历史剧《室町御所》。

5月29日下午4时，在东京会馆，日本各界名流一百六十余人召开欢迎访日京剧代表团鸡尾酒会。

6月3日下午，参加市川猿之助家宴，市川猿之助表演古典剧《浦岛》助兴，其儿子段四郎与孙子表演《擒弁庆》。

6月4日上午，参加朝日新闻社帝国饭店招待会。

1956年6月3日，结束东京首轮演出的京剧代表团赴市川猿之助寓所参加家宴，猿之助当场表演《浦岛》中的钓鱼身段

1956年6月4日下午，梅兰芳与欧阳予倩参观早稻田大学演剧博物馆，馆长河竹繁俊博士接待

6月4日下午，由河竹繁俊馆长陪同，参观访问早稻田大学坪内逍遥演剧博物馆。

6月6日晚，出发至福冈，途经广岛，车站会见原子弹爆炸受害者，决定结束东京全部演出后加演两场义务戏。

6月8日上午，在博多旅馆召开新闻招待会，下午4时在日活旅馆召开福冈县知事与市长参加的欢迎酒会，其后参加日本友好协会会长松本治一郎宴会。

6月16日下午，与远山孝登门拜访中村雀右卫门遗孀中岛志加，晚间应松尾国三邀请，全团赴大阪歌舞伎座看前进座演剧《俊宽》（中村甄右卫门主演）、土方

1956 年 6 月 4 日中国京剧代表团访问日本
国会议事堂

1956 年 6 月 16 日，梅兰芳登门拜访中村
雀右卫门夫人，夫人赠送押绘给梅兰芳

与志导演《昔话二十二夜待》（前进座座长河源崎长十郎主演）、《御滨御殿纲丰卿》（河源崎长十郎、中村瓰右卫门主演）。

6 月 18 日，游览奈良春日山、若草山、唐招提寺等名胜，在春日神社观赏神乐。

6 月 20 日上午，游览京都天龙寺，会见今井京子，观赏京舞，吃素斋。

6 月 26 日下午，京都演出，晚京都府招待晚宴。

6 月 27 日上午，赴今井家拜访夫人，灵前献礼。

1956年6月20日，代表团游览京都岚山，梅兰芳
见到老友今井医生的女儿京子

7月2日上午（大阪演出第三天），八十八岁文乐
净琉璃演员吉田文五郎来饭店拜访。

在京都、大阪，另与画家三木翠山、福田眉仙交流。

7月11日午后，在东京帝都饭店与画家鸟居清言谈戏画，与围棋大师吴清源谈棋。

7月16日下午，在帝国饭店举行话别酒会，作临别致辞。

从紧张的行程就可以看出，他在演出之余，会见老友，观摩学习包括能剧、狂言、歌舞伎、西崎舞、京舞、花柳派舞踊、雅乐、神乐在内的各种日本艺术，参观戏剧博物馆，与文化艺术界名人积极展开了大量卓有成效的交流，他那潇洒风雅的气度、温润谦和的修养、虚怀若谷的品性，在名伶形象之外，更让人们看到了文人雅趣、名士之风。

　　我们都没有忘记，在梅兰芳此行的任务单中，还有一个必须完成的私人项目，那就是兑现他在三十二年前对今井医生的承诺。经过多方打听，一直到6月20日，他才终于得到了关于今井医生的确切消息。那一天，梅兰芳和代表团成员游赏京都天龙寺，一名身着淡红色和服的妇人径自向他走来，深深鞠了一躬，轻声问道："梅叔叔，您还记得我吗？"原来她正是今井泰藏的女儿，当年仅有六岁的今井京子。梅兰芳这才知道救命恩人已于十三年前故去了。他不胜哀恸神伤，坚持到今井家拜谒，将当初病愈之时允诺的那枚中式翡翠袖扣，亲自奉于灵前。日本报纸纷纷报道了这个令人感动的小插曲。或许很多读者并不一定对戏曲、对艺术感兴趣，但不能不为梅兰芳知恩义、重然诺的谦谦君子之风所打动。

虽未能与今井重聚，但梅兰芳此行，却不期然偶遇了另一个故人。除了三次集中的公演，梅兰芳在1930年访美公演的途中，还曾两度经停日本，有过短暂的停留。结束美国公演返程期间，梅兰芳搭乘日本邮船"秩父丸号"自檀香山到达横滨，于7月13—16日在日本进行了短暂的休整，出席了帝国饭店的茶话会、送别会，在歌舞伎座观赏了《修禅寺物语》等剧。巧合的是，1956年梅兰芳下榻的帝都饭店，其总经理立花盛枝正是当年"秩父丸号"邮船的总务部长，不过，那艘共同见证着二人春秋盛年的"秩父丸号"，却已经在第二次世界大战的炮火中沉入了深海。接过立花先生赠送的"秩

1930年6月14日，梅兰芳（后排左二）、张彭春（后排左三）、黄子美（后排左四）在回国的船上（"秩父丸号"）

父丸号"旧影照片，梅先生静穆地说："可惜呀，战争是不好的呀。"

当年散花的天女，如今播撒的是和平佳音。然而在并不尽善尽美的政治气候中，总是予人低眉菩萨之感的梅兰芳，也有凛然相对甚至金刚怒目的时侯。

初抵日本。当晚9点，代表团刚入住帝都饭店，便在前厅成堆的花篮中发现了半小时后即将引爆的定时炸弹，爱国侨胞立即帮助拆除，从而使团员幸免于难；接着，代表团成员都收到一张（共八十六张）"反华""反共""策反梅兰芳"的假《人民日报》。面对这种情形，团里领导顾不上吃晚餐，当即安排举行了中外记者招待会。梅兰芳公开申明严正立场："世界上只有一个中国

1956 年 5 月 27 日梅兰芳在明治座观摩歌舞伎历史剧
《室町御所》后向市川猿之助献花（右二为梅葆玥）

就是中华人民共和国，我梅兰芳是新中国的艺术家，此
次访日演出，是为了增进中日人民友好和文化交流，任
何政治阴谋，是绝不可能得逞的！"

东京首演当晚。梅兰芳出演大轴《贵妃醉酒》，刚登场不久，忽听一声怪叫，从观众席三楼突然撒下大量传单，用梅兰芳在抗日战争期间"蓄须"抗日一事质疑他的访日动机，挑起敌对情绪。梅兰芳丝毫不为所动，镇定自若，观众也得以镇静下来。

帝国饭店话别酒会现场。这是代表团结束在日本的全部演出之后一次隆重的致谢招待，来客近千。临近终了，就在梅兰芳、欧阳予倩与来宾一一握手话别之际，大厅突然断电，现场一片黑暗。在紧张的气氛中，中日宾朋开始唱起《东京—北京》《东方红》的歌曲。一位高大的汉子从黑暗中走到梅兰芳身边，用熟悉的声音说道："梅先生、欧阳先生，你们放心，有我在你们身边，不要紧。"这正是日本著名左翼剧人千田是也。他和夫人岸辉子一前一后将梅兰芳、欧阳予倩紧紧保护在中间。在侍者蜡烛的映照中，梅兰芳看见了千田是也严凛坚强的神色，几欲泪下。他不禁想起同样身形魁伟的京剧武生泰斗杨小楼先生，想起了万军阵中英风逼人的常山赵子龙。

因此前听闻台湾特务可能会有破坏动作，在周总理反复确认下，代表团几经变更行程，确定了回国归期与路线。即便如此，乘机时仍然发现了尾随代表团的可疑分子。马少波在《1956年中国京剧代表团访日之行》一文中回忆，班机经过台北时，按常例需低飞，以便于乘客观赏城市风光。梅兰芳从飞机舷窗看到下面车水马龙，低声问马少波："这是什么地方？"马少波担心他紧张，就宽慰道："可能是冲绳吧。"梅兰芳摇摇头说："不是，冲绳没有这么繁华。"接着他对身边的姜妙香正色说道："姜先生，下

1956 年 7 月 16 日，在帝国饭店话别酒会上，
梅兰芳与日本共产党领导人野坂参三合影

面是台北，如果这班飞机迫降的话，我们可得下决心以身

相殉了！这样才对得起共产党！对得起毛主席！"姜妙香连

连点头回答："您放心，我跟着，我跟着！"

……

在整个出访期间，代表团经历了诸多危机时刻，面对如影随形的政治阴谋，梅兰芳无不做出快速而凛然的反应，甚至做好了殉国的准备，实可谓琴心剑胆。人民外交这方舞台的追光，也为梅兰芳晚年的艺术人生打上了高光。访日归来三年之后，六十五岁的梅兰芳，将五十五岁挂帅出征的巾帼英雄穆桂英搬上了京剧舞台，成为他晚年也是整个生命历程中塑造过的最光彩照人的艺术形象。人生如戏，戏如人生，在 1956 年"京剧外交"的舞台上，头顶追光的梅兰芳，也唱出了"我不挂帅谁挂帅"的豪迈与担当。那时，在万众注目的聚光中，我们恍惚已然看到了三年之后的穆桂英那既明媚又庄严的形影，感受到了那份情系家国、智勇双全、老而弥坚的将帅之风。

梅兰芳第三次访日公演回忆录《东游记》
日文版（朝日新闻社出版）
封面（中川一政绘）

## 结　语

　　梅樱始竞放，至今已百年。在日本，绝大多数的中国人名汉字都会被安上日语假名的发音，可是一说起梅兰芳，人们却约定俗成一般，按照汉语发音，称之为"mei lanfang"。这独属的尊荣，自是归于那不世出的梅容梅姿，但说到底，更是致敬那一缕持守贞定、傲雪凝香的梅花魂。

三次赴日，跨越半世。

从"东洋第一美人"，到新中国的人民外交家，换了容颜，换了人间。

不变的，是弘扬发展民族优秀艺术的宏愿与骄傲；是在古今中西之变中开放兼收、有守有为的漫长艰难思考与孜孜探寻；是风云变幻中矢志不渝的向真、向善、向美之心；是用艺术搭起人与人之间沟通理解心桥的坚定信念。

"变"与"不变"的主题，串联起梅兰芳的一生，也串联起他与日本的缘分。然而，这似乎并不能涵盖"梅兰芳在日本"这个话题。本书之所以提名"似是故

人来”，并不仅仅想用这句话来描摹中日两国间的世代
“故交”，以及梅兰芳与日本之间“一而再”“再而三”
的熟稔密切关系。诚然，这些都是事实。早在梅郎朝颜
初绽之时，日本于他便是个不乏亲切的存在；而自少年
梅郎甫登东瀛，便令异国的名伶耆宿感受到了姊妹艺术
间的亲密，那份清新真挚的艺风，也确曾令东邻知者
慨然陶然，如见“故人”。然而，这份基于历史、传统
的故人之感，又因现实诸多“似是而非”之处，显得复
杂微妙、难以言明。无论是近代以来中日两国间的政治
风云，还是两国传统艺术现代发展走向的差异，包括种
种或囿于、或溢出时代界限的际遇与创造……都在那徐
徐走向对方的“故人”身影中，不断地添加着新鲜的况
味。随着模糊的影像越走越近，相对而行的双方终会发
现，所谓“故人”，其实仍是、也将永远是“熟悉的陌

1956 年 6 月 18 日，代表团游览奈良

生人"。其实，相比苦苦追究"故人"的"似与不似"，更为重要的，则是"来"这一个字所代表的决断、行动与承担，这是人类跨文化沟通的真谛，而人之存在的终极意义，也显现于其中。

**图书在版编目（CIP）数据**

似是故人来：梅兰芳在日本 / 江棘编著 . —北京：知识产权出版社，2022.1
（梅兰芳艺术人生文丛 / 刘祯主编）

ISBN 978-7-5130-8016-3

Ⅰ . ①似… Ⅱ . ①江… Ⅲ . ①梅兰芳（1894-1961）—生平事迹 Ⅳ . ① K825.78

中国版本图书馆 CIP 数据核字（2021）第 263545 号

| 策　　　划：刘　祯　　王润贵 | 责任编辑：刘　嚣 |
|---|---|
| 装帧设计：智兴设计室·段维东 | 责任校对：潘凤越 |
| 内文制作：智兴设计室·胡晓曦 | 责任印制：刘译文 |

# 似是故人来

## 梅兰芳在日本

江　棘　编著

| 出版发行：知识产权出版社 有限责任公司 | 网　　址：http://www.ipph.cn |
|---|---|
| 社　　址：北京市海淀区气象路50号院 | 邮　　编：100081 |
| 责编电话：010-82000860转8119 | 责编邮箱：liuhe@cnipr.com |
| 发行电话：010-82000860转8101/8102 | 发行传真：010-82000893/82005070/82000270 |
| 印　　刷：天津市银博印刷集团有限公司 | 经　　销：各大网上书店、新华书店<br>及相关专业书店 |
| 开　　本：787mm×1092mm　1/32 | 印　　张：6.25 |
| 版　　次：2022年1月第1版 | 印　　次：2022年1月第1次印刷 |
| 字　　数：72千字 | 定　　价：39.00元 |

ISBN 978-7-5130-8016-3